En este país ha quedado claro que a quien dice las cosas que nosotros dijimos le van a reventar. Es un mensaje también para los futuros líderes de la izquierda. «Ten cuidado con lo que dices. Ten cuidado con a quién señalas, con los enemigos que te buscas. Porque si vamos a por ti, ya has visto de lo que somos capaces».

Pablo Iglesias

Medios y cloacas

Así conspira el Estado profundo
contra la democracia

Primera edición, septiembre de 2022, 2000 ejemplares.
Primera reimpresión, octubre de 2022, 2000 ejemplares.

© de los textos Pablo Iglesias
© del prefacio Miguel Mora
© del prólogo Manu Levin
© de la entrevista Vanesa Jiménez
© del epílogo Inna Afinogenova
© de la portada y el diseño Alberto Fernández
© Escritos Contextatarios (Revista Contexto, S.L.)

Escritos Contextatarios
Directores de la colección: Ignacio Echevarría y Miguel Mora
Edición: Adriana M. Andrade y Adriana Torres
Diseño: Alberto Fernández
Maquetación: Ignacio Rubio

Editorial Escritos Contextatarios,
calle Bravo Murillo 28, 8º izquierda, 28015 Madrid

Revista Contexto
info@ctxt.es
www.ctxt.es

ISBN: 978-84-125241-5-4
DL: M-22145-2022

Impreso por Kadmos
Impreso en España

Pablo Iglesias

Medios y cloacas

Así conspira el Estado profundo contra la democracia

Escritos
Contextatarios

Índice

Prefacio

Del Lute al Coletas

Miguel Mora

Si es usted una persona afortunada y todavía no ha cumplido cuarenta años, probablemente se estará preguntando quién demonios es El Lute. Por si acaso, pasen los viejunos al siguiente párrafo y hagamos un poco de memoria: Eleuterio Sánchez fue un delincuente mítico que copó titulares, portadas y programas de radio en los años sesenta y setenta. Nacido en 1942 en una chabola de Salamanca, hijo de una mujer sorda, El Lute fue un paupérrimo robagallinas de la etnia de los mercheros que se hizo célebre no tanto por sus robos o asesinatos (mató al vigilante de seguridad durante un atraco a una joyería en Madrid) como por su amor a la libertad. Condenado a muerte por el franquismo, mostró una insólita capacidad para escapar de calabozos y cárceles y para escabullirse de la Guardia Civil y de la Policía, y eso le convirtió en el enemigo público número uno, hasta el punto de que complementó o sustituyó al Coco y al Hombre del Saco en el imaginario de los niños que no querían dormirse. Algunos padres y madres de esa época amenazaban a sus hijos diciéndoles que si no se iban a la piltra llegaría El Lute y se los llevaría.

Finalmente, Eleuterio Sánchez fue detenido en 1973, y padres y niños volvieron a roncar tranquilos al verlo reaparecer en los periódicos, rodeado de policías sonrientes. El régimen conmutó su pena de muerte por treinta años de prisión, y El Lute acabó haciéndose escritor y abogado, ganó un disco de oro por la canción que le dedicó el grupo alemán de música *disco* Boney M., y fue indultado y rehabilitado en 1981 por el gobierno de Calvo-Sotelo.

Paradigma del perseguido, acosado, apestado, capaz de encarnar los miedos y los odios (y también la envidia) de una sociedad entera durante años, una figura como la de El Lute no se ha repetido a menudo en la historia de España, aunque el pueblo gitano lleva quinientos años siendo objeto de esa manía persecutoria. Pero es probable que, en los últimos sesenta o setenta años, la única persona que haya vivido una persecución tan feroz y continuada como la que sufrió El Lute sea el autor de este libro.

Sin haber robado ni asesinado a nadie, Pablo Iglesias ha conseguido superar a su admirado Eleuterio al menos en la cantidad de recursos públicos y privados empleados en su contra. En la jauría humana que ha tratado de convertirlo en el enemigo del pueblo durante los últimos seis o siete años, han participado periodistas, jueces y fiscales, ministros del Interior, policías, guardias civiles y jefes de seguridad privada, locutores de la mañana y de la tarde, asociaciones de la prensa y de víctimas del terrorismo, presidentes y expresidentes del Gobierno con y sin las manos manchadas de cal, altos y medianos directivos del IBEX, hordas de fachas exaltados en actitud de acoso permanente, comisarios retirados y en activo, directores y columnistas de medios de comunicación serios y de baratillo, telediarios públicos y concertados, alcaldesas aficionadas a las magdalenas, corruptas presidentas de la Comunidad de Madrid, la DEA, la UDEF, la CEOE, Marcos de Quinto, Mario Vargas Llosa…

Para qué seguir. Digamos, por abreviar, que el Régimen del 78 desplegó durante años todos los recursos a su alcance para conseguir su objetivo: que odiáramos al «Coletas». El paroxismo de esta técnica de inyección de odio colectivo se alcanzó probablemente con aquella frase de Pedro Sánchez, quien, en una entrevista de campaña electoral a Antonio García Ferreras, afirmó, el 20 de septiembre de 2019, que «no podría dormir por las noches, como el 95% de los españoles», si Podemos llegara al Gobierno. Del Lute al Coletas.

Lejos de presentarse él mismo como víctima, Iglesias ha soportado ese destino de apestado/privilegiado con una sonrisa irónica y unos modales exquisitos. Es verdad que, a diferencia de El Lute, no ha estado solo en el camino, pues ha tenido el apoyo de miles de militantes y de millones de votantes que no se dejaban llevar por el pánico de las élites a Podemos y que lo apoyaban —cada vez en menor número— en cada elección a la que se presentaba. Así, entre pactos, navajazos, escisiones, bulos, acosos y plebiscitos, Iglesias se convirtió primero en la cara más popular de la «nueva política» surgida de las plazas del 15M, luego en el primer líder de izquierdas que amenazaba seriamente la hegemonía del Partido Socialista, y finalmente en el vicepresidente del primer gobierno socialcomunista que ha habido en España desde 1936.

No parece mal balance para un profesor sin plaza de Ciencias Políticas, criado entre Soria y el Puente de Vallecas, hijo de una familia activista, hermano de las juventudes del PC, sobrino de las becas Erasmus y de los centros sociales de Bolonia. Seguramente la mejor prueba de que su paso por la política ha sido más importante de lo que se dice es que, el día que Iglesias se retiró al perder las elecciones a la Comunidad de Madrid, sus enemigos sonrieron con una cara de satisfacción que recordaba mucho a la que pusieron los policías que detuvieron a El Lute aquella noche de 1973 en Sevilla. La pieza mayor había caído. La cacería había terminado. Ganan, otra vez, los buenos.

Pues resulta que no. O no del todo. Este libro, que reúne sus textos sobre medios de comunicación y política escritos durante los últimos quince meses, demuestra que Iglesias resiste en su batalla contra *los buenos*. Desde que dejó la política activa, con la libertad de no deberse al Gobierno, PIT ha pasado a ser un analista y comunicador pedagógico, macarra a ratos y casi hiperactivo, y ha tratado de influir en tres grandes asuntos: explicar las razones por las que la democracia española está lejos de ser una democracia plena; contarle a la gente que las élites están en guerra contra los trabajadores y por qué van ganando esa guerra, y mostrar que los medios de comunicación (varios de ellos apoyados/utilizados por las cloacas policiales y judiciales) son las herramientas no electas que usan las derechas y el poder económico para marcar la agenda, vencer la batalla cultural, anular toda disidencia real y, si llega el caso, decidir, usando los bulos y otras formas de guerra sucia, quiénes pueden y deben gobernar los países.

Si hay un antes y después de la entrada de Iglesias en la política, también habrá, probablemente, un antes y un después de su regreso al mundo de la comunicación. Sus intervenciones en *Ara, Gara, Rac 1, CTXT*, la Cadena SER y *La Base*, el pódcast que dirige en *Público*, son seguramente las más vistas, leídas y comentadas de cuantas emiten —emitimos— los medios y comentaristas de izquierdas. Sin necesidad de acudir a las televisiones, donde me temo que está ya vetado para los restos —bienvenido al club—, Iglesias ha creado/amplificado un espacio alternativo de debate, análisis y, sí, periodismo, donde se exponen sin tapujos las miserias que silencian cuanto pueden muchos medios «progresistas» que se autoproclaman guerrilleros del «periodismo a pesar de todo», mientras ingresan cada año millones de euros en publicidad del IBEX y de los organismos públicos estatales, autonómicos y locales, sin importarles el color de quienes los regentan ni lo corruptos que sean.

Esa tarea de galvanización y estímulo de un público harto de que el periodismo sea una estafa, lo contrario de lo que debe, predica y promete ser (un servicio público); esa forma de llegar con la palabra y el sustento de los hechos a tanta gente que se siente timada por los medios tradicionales, por las televisiones y las radios *mainstream*, es fundamental para tratar de sanear y equilibrar un espacio mediático dominado por bancos, fondos buitre, eléctricas, la Conferencia Episcopal y otras grandes trasnacionales que imponen, como una gota malaya y en todos los horarios y formatos, su agenda reaccionaria, ultraliberal y, si hace falta, también trumpista.

La concentración de la propiedad de los medios en unas pocas manos (Grupo Planeta, Mediaset, PRISA, Vocento, Prensa Ibérica…) es una de las marcas indelebles del artefacto mediático y político nacido en 1978. Durante décadas, ese sistema-país, que en *CTXT* hemos llamado la Restauración Corrupta, ha vivido próspero y feliz, sabiéndose o creyéndose tan impune como el gran jefe Juan Carlos I de Borbón y tan intocable como el jefe en la sombra de todos los gobiernos españoles del siglo XXI: Florentino Pérez. Hoy sabemos que aquella ilusión de la Transición modélica se sostuvo en buena parte gracias a la *omertà* de unos medios cómplices del poder corrupto. Cuando las cosas se pusieron realmente mal con los desmanes financieros del jefe del Estado, el 15M y el surgimiento de Podemos y el procesismo en Catalunya, las cloacas periodísticas, policiales y judiciales acudieron raudas al rescate del primero de los dos pilares que sostienen la armazón entera: el bipartidismo turnista y giratorio PP-PSOE al servicio del IBEX. La otra pata es el duopolio, no menos turnista, erigido sobre la falsaria rivalidad y el pingüe negocio que generan los dos equipos-Estado, Real Madrid y Barcelona (Trampas F.C. vs. Trampes F.C.). Los dos ejes troncales, política y fútbol, han vivido décadas de éxitos y corrupción rampante, dada la inexistencia de reguladores y árbitros dignos de ese nombre, amparados por el 99% de los medios públicos y concertados, y con la colaboración estelar del dúo de televisiones privadas propiedad de dos notorios demócratas: el señor Berlusconi (dos canales) y el señor Lara (otros dos).

Irónicamente, la salida de Iglesias de la política partidista y su entrada, o regreso, al mundo de la información, lejos de calmar a sus enemigos de la derecha y a los medios que se alinean con el PP y el PSOE y presumen de progresistas, ha servido para ponerlos en nuevos, inesperados aprietos. El adjunto a la dirección de Atresmedia, Mauricio Casals —a quien Pedro J. Ramírez apodó «el Príncipe de las Tinieblas»—, y su mano derecha, Antonio García Ferreras —al que Florentino Pérez llama simplemente «mi hombre»—, piezas clave de la *famiglia* mediática del Grupo Planeta-Atresmedia, han protagonizado un escándalo cuyos ecos se han podido oír dentro y fuera de España.

La revelación de un viejo audio de Ferreras comiendo con el excomisario Villarejo y otros delincuentes patrióticos, en el que el primero confiesa al segundo que difundió en La Sexta —a un mes de las elecciones de 2016— una información falsa sobre una supuesta cuenta de Pablo Iglesias publicada por el tabloide dirigido por Eduardo Inda —exdirector de *Marca* al que Ferreras, ex jefe de comunicación de Florentino Pérez, considera su «hermano»—, ha dejado en mal lugar al director de tu televisión de izquierdas y creador del mantra «Más periodismo», y ha puesto en el disparadero ético a cuantos se han sentado estos últimos diez años junto al manipulador más «habilidoso» (el adjetivo es de Villarejo) del reino. Varios presidentes latinoamericanos y el líder de la oposición de Francia denunciaron el hecho como un gravísimo ataque a la democracia, y el sindicato de Estados Unidos National Writers Union emitió un demoledor comunicado acusando a Ferreras de «corrupción periodística».

Los reiterados ataques a Iglesias y otros dirigentes de Podemos contienen los elementos básicos que definen la estrategia intoxicadora y paragolpista de las élites mediáticas y el Estado profundo. Las cloacas policiales fabrican un informe falso que acusa a Iglesias de haber cobrado dinero de Venezuela en un insensato paraíso fiscal. Una terminal de las cloacas mediáticas lo publica sin contrastar ni investigar. *Al Rojo Vivo* difunde el bulo a sabiendas de que es «muy burdo» (es decir, falso) pero llama a Iglesias para que dé su opinión en directo. Los politólogos de extremo-centro que pueblan la mesa de Ferreras lo analizan fríamente, alertan de su gravedad si la cosa se demuestra cierta, pero no se mojan demasiado. Los periodistas de medios «progresistas» habituales de las tertulias del «Padre Antonio» —como es conocido Ferreras entre algunos— comentan que les suena muy raro y quedan como unos campeones del periodismo decente. Los jueces de la cloaca lo miran con lupa y filtran a sus fuentes cloaqueras que van a investigarlo.

El mecanismo del bulo demasiado burdo es imbatible, un *win-win* para todos menos para la víctima, que, haga lo que haga, queda sin escapatoria. Iglesias se querella contra Inda. Titular. Sube la audiencia de *OkDiario*. Y la de *Al Rojo Vivo*. Los medios progres digitales del muy plural entorno de Ferreras también se hacen eco: miles, millones de pinchazos para todos. Iglesias pierde el juicio porque la información era «veraz» (dado que se basaba en un informe policial, por mucho que se viera de lejos que era falso) y es condenado a pagar 30.000 euros de costas. Otro titular. Otro triunfo para Inda, Ferreras y los demás. Más audiencia, más publicidad. Y más prestigio, también. *OkDiario* se da a conocer como un medio que gana querellas y publica información «veraz». Los programas de La Sexta disparan su *rating* y la cadena atenúa las críticas del IBEX, que lo acusa de haber promovido a Podemos incluso antes de que existiera Podemos. *El Plural, Infolibre* y *eldiario.es* acrecientan su impronta de medios razonables por replicar en *prime time* a mitómanos como Inda y Marhuenda, mientras sus directores cultivan su marca personal, cobran un salario extra que nunca viene mal y consiguen visibilidad y suscriptores para sus medios. Los politólogos siguen trincando también, pero sin mojarse.

El poder de los Ferreras's Boys no ha hecho más que consolidarse y crecer con los años. Desde que es presidente del Gobierno, Pedro Sánchez ha dado una entrevista tras otra a Ferreras en La Moncloa. El 29 de enero de 2021, la fiscal general del Estado, Dolores Delgado, se reunió a almorzar con Ferreras, Baltasar Garzón y Florentino Pérez, que al parecer andaba inquieto por la ofensiva judicial de los familiares de los miles de ancianos muertos por covid en las residencias madrileñas. Poco después, Delgado fue detectada saliendo de comer en secreto con Inda en un apartamento de Baltasar Garzón, el mismo día que Villarejo salía de la cárcel. Algunos asalariados de la izquierda ferrerista afirmaron que la exclusiva de Willy Veleta acerca de este encuentro, publicada por *CTXT*, no era siquiera una noticia. *OkDiario* sostuvo que Podemos espiaba a Delgado. Y Ferreras y sus medios progres miraron hacia otro lado, comprando que Delgado e Inda, que iban acompañados por sus respectivas manos derechas —la de Delgado era Álvaro García, su sucesor al frente de la fiscalía—, se habían citado en el pisito del exjuez Garzón para una entrevista periodística.

Este resumen, quizá demasiado burdo, es trágicamente insuficiente. Pero cierto. O «veraz», como diría la jueza que absolvió a Inda. El problema es que es complicado saber dónde estamos realmente. ¿Hablamos de las Cloacas del Estado, una mafia autónoma de amigotes malhablados que graban, chantajean, intoxican y se enriquecen por su cuenta y riesgo para que los de arriba les teman, les paguen y les deban favores? ¿O vivimos en el Estado de las Cloacas, y esa mafia multitarea es en realidad un organismo semioficial, una novedosa forma de colaboración público-privada, comandada desde las más altas instancias del Estado, por el poder económico y el bipartidismo para que todo el mundo tenga miedo a Villarejo y así todo siga atado y bien atado?

La impunidad con la que hablan, conspiran y se mueven estos personajes de serie B hace pensar más bien en la segunda opción. Y lo más probable es que ninguno de los autores y cómplices de estos crímenes de lesa democracia y lesa libertad de prensa paguen el menor precio por sus mentiras, faltas y delitos. Pero, si queremos ser optimistas, al menos podemos afirmar que algunas caretas están empezando a caer. Los tibios, los cínicos y los que se han aprovechado de la inmundicia para hacerse ricos y famosos están empezando a pasar aprietos en sus pedestales. La gente pide explicaciones a sus *influencers* favoritos por acudir a La Sexta, les exigen que tomen postura. Es un pequeño terremoto, que de momento solo agita las redes sociales. Y es, en buena medida, mérito de Pablo Iglesias, pues él es una de las poquísimas figuras relevantes del espacio público que se ha atrevido a decirles las verdades a la cara a esos supuestos periodistas de izquierda que aniquilan el prestigio de la profesión entera. Como dice el exvicepresidente en uno de los artículos reunidos en este libro, «si ha existido y existe *lawfare* en España no es solo contra Podemos; eso es una evidencia. Pero la guerra ilegítima contra una fuerza política que, en lugar de enfrentarse con el Estado, ha tratado de contribuir a su democratización asumiéndolo como terreno ineludible de la acción política, ha revelado mejor que nada la verdadera naturaleza de la derecha judicial, policial, política, mediática y económica española. Aquí no se puede poner como excusa del *lawfare* una suerte de autodefensa del Estado frente al terrorismo o la secesión de una parte del territorio. En este caso el poder ha mandado un mensaje claro: el Estado es nuestro y solo aceptaremos la democracia si no altera esa relación».

Espero que este libro contribuya a que cada vez más gente se dé cuenta de que es urgente actuar para cambiar este triste estado de cosas, para exigir un espacio público más sano y transparente, y menos mafioso. Las sociedades posdemocráticas necesitan más que nunca un periodismo de servicio público, sin bulos ni cloacas, honesto y ético. Es hora de dejar de creer en los padres de la patria cuando nos dicen que, si no nos dormimos pronto o votamos mal, vendrá El Lute y nos raptará. Por muy poderosos que sean quienes financian la propaganda y promueven la guerra sucia, no debemos olvidar nunca que, cuando El Lute huía por los caminos en busca de su libertad y copaba las portadas y los miedos de la época, el enemigo público número uno no era Eleuterio Sánchez, sino aquel general genocida que dormía plácidamente en El Pardo sobre los 114.000 cadáveres que todavía hoy llenan las cunetas del país.

Ahora, como pasó entonces, nos jugamos la democracia, la memoria y el futuro.

Madrid, 6 de agosto de 2022

Pablo Iglesias, Ferreras y la autocrítica

Manu Levin

«Pablo Iglesias, no sé por qué, pero me cae fatal. Es oír su voz y me pongo enfermo».

En estos años he escuchado decir frases como esta innumerables veces a gente de todo tipo, también a amigos muy cercanos. Seguramente muchos de quienes estáis leyendo estas líneas reconocéis esa expresión, porque también la habréis escuchado mil veces. O incluso vosotros mismos la habéis pronunciado. «No sé por qué, pero es que no puedo con él». Aun a riesgo de resultar soberbio, les diré algo a todos los que albergan ese sentimiento: yo sí lo sé. Yo sí sé por qué te cae tan mal Pablo Iglesias. La respuesta tiene solo dos palabras: poder mediático.

Soy consciente de que mucha gente jamás aceptaría esa conclusión sobre sí misma. «A mí ninguna televisión me ha metido nada en la cabeza». «Si no soporto a Iglesias es por cómo él es, por lo que ha hecho y por las decisiones que ha tomado». A quien piense así, le pido que lo reflexione con más humildad. Porque esa visión de uno mismo sí que es soberbia.

En *La naranja mecánica*, para modificar por la fuerza una determinada conducta nociva del protagonista, se lo somete a una terapia de aversión capaz de producirle un rechazo irracional a ese comportamiento, asociándolo a estímulos negativos, desagradables y dolorosos a través de una pantalla de televisión. En España, a partir de 2014, había una conducta nociva muy extendida en la población que era necesario modificar a toda costa: el apoyo masivo a Pablo Iglesias y a Podemos. Y esa conducta se intentó reconducir desde el poder (y se logró en buena medida) con un método no demasiado distinto al que se le aplica a Alex en la mítica película de Kubrick: España ha sido sometida durante siete años, todos los días, a una terapia mediática de aversión visceral a Pablo Iglesias. Por eso mucha gente afirma odiarlo irracionalmente, «sin saber muy bien por qué». Una terapia de aversión que ha funcionado en distintos estratos. Hay un nivel explícito, prosaico, que impacta en la esfera racional, en la cabeza: ahí entra la fabricación y difusión por tierra, mar y aire, fruto de la confabulación entre el Estado profundo y la cloaca mediática, de burdos («pero vamos con ello») documentos falsos que demostraran que Iglesias era un asalariado del malvado chavismo con cuentas en paraísos fiscales. Pero hay también un nivel más profundo y sofisticado, menos escandaloso pero incluso más eficaz, precisamente porque es irracional, porque te golpea en el subconsciente y en las tripas: siempre que hablemos de Iglesias, saquemos la imagen en la que salga más feo, con la sonrisa más pérfida, con los dientes más torcidos; mostremos su fotograma gestual más maligno y envilecido; de todo su discurso, cortemos y repitamos en bucle la peor frase con el peor tono, donde parezca un tipo detestable, un tirano desequilibrado y lunático. Grima, arcada, repugnancia, odio. Los mismos apellidos que llevan mandando en España cinco décadas lograron convencer a medio país, mediante su monopolio de las grandes empresas de comunicación audiovisual de masas y en particular de las supuestamente progresistas, de que el enemigo era Pablo Iglesias. Ese, y no otro, es el principal motivo que explica el reflujo electoral de Podemos y la conversión de un profesor universitario, el líder político más valorado del país, número uno en todas las encuestas electorales, en un personaje odiado por millones de personas, también por buena parte de aquellas directa y objetivamente beneficiadas por sus políticas. Algunos empiezan a darse cuenta de esto ahora, a raíz del *Ferrerasgate*.

Hay que decir que Iglesias aguantó siete años con todos y cada uno de los medios de comunicación disparando cada día contra él, y convirtió la de Podemos en una historia de éxito político sin precedentes: de la inexistencia al Gobierno en seis años, cinco ministerios, los cuatro mejores resultados históricos de la izquierda española de forma consecutiva y su mayor poder institucional en ochenta años. Muchos no habrían durado ni el primer asalto. De hecho, Pablo Casado le aguantó a Vicente Vallés literalmente dos telediarios. Es cierto que el poder mediático no consiguió evitar que Iglesias llegara a ser vicepresidente del Gobierno, pero sí logró que Podemos no ganara las elecciones. Y eso cambió para siempre la historia de España.

Afirmar que la guerra sucia mediática es la principal causa de la destrucción personal de Pablo Iglesias y del retroceso electoral de Podemos no significa negar que existieran errores propios. Por supuesto que existieron, como no podría ser de otra manera (junto a un cambio radical de la coyuntura política —el procés catalán, la carta Ciudadanos, la carta Vox—, también determinante y lógicamente ajeno a las decisiones políticas de Podemos). Pero lo digo una y mil veces: no fueron los errores propios la variable central para explicar que Podemos, que siempre defendió básicamente lo mismo y lo hizo con gran habilidad comunicativa, pasara de cinco millones de votos a tres millones y pico; y colocar ahí el foco de la reflexión colectiva es un grave error. No solo porque pasar junto al cuerpo amoratado de alguien que ha recibido una paliza de un tumulto de sicarios y decirle que debe reflexionar sobre lo que ha hecho sea miserable, mezquino, un acto de violencia; también porque es analíticamente ridículo. Cada vez que un cuadro de la izquierda dice que señalar el peso de la contraofensiva mediática es echar balones fuera, obviando con ello una de las principales estructuras de poder de nuestra sociedad, y hace una lectura puramente autorreferencial de nuestras derrotas (o, mejor dicho, de la parcialidad de nuestras victorias), Ferreras e Inda se fuman un puro y preparan su siguiente andanada.

El poder mediático no solo ha tenido la capacidad de disciplinar a la población e inocular el rechazo hacia los líderes de Podemos. También ha sido capaz de trabajarle la batalla interna, de dividir y amaestrar a parte de la propia izquierda política a base de un sistema de premios y castigos a través de sus medios dirigidos específicamente a una audiencia progresista («cuando nosotros le damos una hostia a Podemos les duele de cojones», Ferreras *dixit*; «si te portas bien te trataré bien»; por eso los errores propios vinculados a las peleas internas también son inseparables de la acción mediática) y de domar al periodismo progresista estableciendo golpear a Podemos como la condición para tener una tribuna. Pienso en algunas figuras que ocupan la «cuota de izquierdas» en los grandes medios de comunicación y que, tras hacer nobles alegatos por la justicia social, se dedican básicamente a golpear a la principal organización de izquierdas del país y a augurar permanentemente que está desgastada. La caricatura de la profecía autocumplida: te desgasto cada día de la mano del leviatán mediático y después te digo que estás desgastado. Te rayo el coche y después te digo que cómo puedes ir con el coche así de rayado, y que la solución es pintarlo de otro color y ser menos agresivo en las curvas, a ver si así te perdonan la vida. Frente a los intelectuales orgánicos de la derecha, en nuestras ya de por sí muy enclenques filas, en los medios abundan por desgracia militantes de sí mismos que ven en el acto de cargar periódicamente contra los suyos el salvoconducto para que los adversarios de la mayoría social les den la consideración de periodistas independientes, los sienten en sus tertulias y les paguen buenos sueldos. Quizá sean ellos los que tienen que hacer autocrítica.

«Cámbiate a ti mismo» es en el fondo la consigna de los pregoneros de la imposibilidad del cambio social. La izquierda no necesita criticarse y cambiarse a sí misma permanentemente (izquierda líquida —liquidada— mientras todo lo demás permanece sólido), necesita criticar y cambiar la realidad. Y si los planteamientos que ponen el foco en la crítica egocéntrica son errados, los que afirman que el campo mediático es inmodificable son reaccionarios: nada hay más reaccionario que naturalizar una estructura de poder y presentarla como inmutable. En 2022, romper el tablero político es romper el tablero mediático. Porque los grandes medios de comunicación no solo son los actores ideológicos más importantes de esta época, no solo son el principal arma del poder para destruir a sus enemigos; son instituciones de representación política, en el sentido más esencial de la idea de representación, porque es en torno a ellos que se construyen hoy las comunidades políticas. Y la representación política en el campo mediático está monopolizada por el régimen. «No nos representan».

Claro que se puede y se debe disputar esa estructura de poder. Si no logramos transformar el campo mediático, terreno más virgen para la izquierda (tenemos sindicatos, tenemos partidos, con todos sus límites y defectos, pero no tenemos ningún gran medio de comunicación), nuestros adversarios seguirán teniendo la capacidad de convertir en cuestión de meses en un personaje odiado irracionalmente por nuestra propia base social a cualquier referente político que represente una amenaza para los intereses de las élites que acumulan la riqueza y el poder. Si es que representa esa amenaza, claro.

Este volumen reúne artículos y entrevistas sobre medios y política publicados por Pablo Iglesias durante el último año. La mayoría proceden de la revista digital *CTXT*, salvo los de la parte 3, que son fragmentos de los textos de presentación de *La Base*, el pódcast que Iglesias dirige en *Público*.

Parte 1

La derecha mediática
y las alcantarillas del Estado

Carlos Herrera pateando a un policía

Carlos Herrera desde la COPE dice que la manifestación de nazis en Chueca la montaron Podemos y el PSOE. «No dirás falso testimonio ni mentirás», afirma el octavo mandamiento, así que habrá que creer a la radio de los obispos. No eran nazis, eran socialcomunistas disfrazados. Entre ellos estaba José Luis Ábalos, que ahora que no es ministro se dedica a estas tareas de propaganda negra, y también Alberto Rodríguez, que gracias a su discreta fisonomía tiene fácil hacerse pasar por nazi. Por su fisonomía, su discreción y por el entrenamiento que recibió en Venezuela, El Rastas es capaz de calzarle una hostia a un antidisturbios sin dejar marcas, o de infiltrarse en una manifestación nazi. Las capacidades de burlar a los investigadores policiales de Alberto Rodríguez son legendarias; tardaron años en denunciarle. La cosa debió de ser así: el UIP le vio por la tele en el Congreso de los Diputados y saltó de su sillón orejero: «¡Fue ese! ¡Fue ese!…» Y no hablemos de las capacidades de camuflaje de Ábalos, con su voz de cazalla y su torso hercúleo. José Luis es en sí mismo un homenaje a la virilidad ibérica; el muy cabrón estaba en su salsa infiltrado el otro día en Chueca. Esto sí que es ajedrez aleatorio, Redondo. Así que allí estaban los dos exsecretarios de organización gritando «fuera maricas de nuestros barrios» y acordándose del padre de Lilith Verstrynge y de la madre de Santos Cerdán; si uno piensa que no hay nada más jodido que ser secretario de organización es porque no ha tenido que montar una mani nazi en Chueca. La delegada del Gobierno les felicitó por Whatsapp en el grupo que tienen los tres con Marlaska y Monedero: «Sois muy *cracks*, me la habéis colado por completo». El sexto mandamiento dice «no cometerás actos impuros», así que es evidente que el nazi ultracatólico de la mani que, al parecer, folla con chicos, no puede ser un nazi ultracatólico y tiene que ser de Podemos o asesor de Carmen Calvo. Si es que es evidente.

¿Es verdad lo que dice Herrera? ¿Es verdad lo que escribo yo? Quién sabe, lo importante es que sea *trending topic*. Así que Carlos Herrera pateando a un policía podría ser TT y tema fijo en las escaletas de todas las tertulias y portada de los muy respetables periódicos conservadores y monárquicos. Puede que hasta le echaran de la COPE y se fuera por fin a Somalia, o a 13TV, o a la nueva televisión neutral y apolítica que prepara Marcos de Quinto con El Pozo y las fuerzas vivas de Murcia. Así que démoslo por bueno: Carlos Herrera pateó a un policía y está siendo juzgado por el Tribunal Supremo. La fiscalía dice que el policía «necesitó cinco días para su recuperación», pero el agente ha explicado que «no le ha reconocido ningún médico forense» y que «por la noche ya no tenía nada». ¿Se ha inventado la fiscalía lo de los cinco días? Qué más da, lo importante es que condenen al cabrón pateapolicías de Carlos Herrera. Y que cumpla condena en Somalia. Dice el jefe del dispositivo que no vio a Herrera en los altercados, pero que era muy conocido porque en la X Unidad de Intervención Policial escuchan todos la COPE. El pateado dice que no fue golpeado en la mano como sigue afirmando la fiscalía. ¿Viola la fiscalía el octavo mandamiento? ¿Y el sexto? El agente agredido por Herrera dice que la patada en la rodilla le causó «una rojez» que ya había desaparecido por la noche. Vaya flojo, Carlos Herrera; hasta las hostias consagradas duelen más. Dice la abogada Aina Díaz que si el Supremo condena a Herrera estará prevaricando. A esta igual le empapelan por listilla.

CTXT, 21/09/2021

Viva el Rey, jódete Rastas

Juan Carlos I, turista en Abu Dabi, cazador de puntería legendaria se tratase de osos, de elefantes o de lo que hiciera falta, presunto comisionista en la venta de armas y presunto comisionista en general, presunto defraudador a la Hacienda pública española, presunto evasor de capitales, presunto, presunto… Alberto Rodríguez, cinturón negro de krav magá y pateador en diferido de policías antidisturbios, condenado. Prácticamente al tiempo que sabemos que la Fiscalía archivará la causa contra el emérito, nos enteramos de que el Supremo condena a 45 días de cárcel a Alberto Rodríguez y le inhabilita para presentarse a las elecciones. El Congreso además podría retirarle el acta de diputado. [Finalmente, el 22 de octubre, la presidenta del Congreso, Meritxell Batet se la retiró]. La sala segunda del Tribunal Supremo, esa que el Partido Popular se jactaba de controlar por detrás en un memorable mensaje de WhatsApp a sus senadores, considera probado que Alberto Rodríguez, de más de dos metros de altura, propinó una patada a un antidisturbios y se marchó tranquilamente a su casa. La mayoría de los magistrados entienden que «la apariencia física» de Alberto «hace fácil su reconocimiento» pero no debía hacer fácil su detención en el momento de la supuesta agresión. Se conoce que no había suficientes antidisturbios para detenerle. Ya se sabe: le das la patada al policía, te marchas a casa tranquilamente y ya irán a por ti en unos años, cuando te elijan diputado por Podemos. Dos magistrados han emitido un voto particular cuestionando la «extrema parquedad del relato» del agente. ¿Alguien puede creer que es viable dar una patada a un policía que afirma conocerte y marcharte tranquilamente? Nadie se lo cree, pero hace tiempo que la justicia, cuando se trata de asuntos políticos, ha perdido toda apariencia de justicia.

Nadie en España, empezando por los más acérrimos monárquicos, se cree que Juan Carlos I no sea un delincuente. Y nadie se cree que Alberto Rodríguez diera una patada a un policía o que Isa Serra hiciera lo propio y se fuera, también tranquilamente, a su casa. Es inverosímil, pero la diferencia entre la verdad y la mentira es ya poco menos que un recurso moral de los ingenuos. Hay quien dice que si la vicepresidenta Yolanda Díaz o el diputado Rafa Mayoral no están condenados por agredir a policías en la concentración de los trabajadores de Alcoa frente al Congreso, fue por la presencia masiva de reporteros gráficos. Pero ni eso es ya garantía de nada. Prepárense para que nuevas sentencias digan exactamente lo contrario a lo que sus ojos ven y sus oídos escuchan. Estamos instalados en la más absoluta indecencia.

La degradación democrática que implica el bloqueo a la renovación del CGPJ por parte de la derecha política, y el escandaloso dominio de la derecha judicial en las más altas instancias de la magistratura, forman parte de un proceso general de degradación. Vivimos en el país en el que la Fiscal General del Estado es sorprendida tratando con Eduardo Inda en un domicilio y, no solo no dimite, sino que trata de camuflarlo con una entrevista *fake*. ¿Alguien se creyó aquella entrevista? Les aseguro que en el lugar donde yo trabajaba entonces, nadie, pero qué más da; la indecencia es la norma, no la excepción. Vivimos en el país en el que el PP hace desfilar en su convención a Vargas Llosa para que nos enseñe a votar bien y a defraudar a Hacienda, en el que presume de corruptos internacionales condenados (Sarkozy) o por condenar (Kurz). Vivimos en el país donde Cantó reivindica la espada y la cruz como instrumentos civilizadores de América frente a los caníbales; donde Iberdrola se compra a Antonio Miguel Carmona; donde los presentadores de televisión más famosos están vinculados a Villarejo; donde se restauran los nombres fascistas en las calles; donde los telediarios públicos dan voz a la patronal inmobiliaria para criticar la futura ley de vivienda y no se la dan a los sindicatos de inquilinos; donde las eléctricas se permiten desafiar al Gobierno, donde la ultraderecha reivindica la dictadura y el vandalismo.

La lista de indecencias patrias es interminable pero, en los últimos tiempos, se ha instalado un elemento nuevo: ya no es necesario ni siquiera disimular. Cualquier atisbo de consenso ético en la sociedad, aunque se asentara sobre la más discreta hipocresía, desapareció. Hay una parte de la izquierda que piensa que la denuncia de la indecencia aún hace mella al adversario. La última prueba de que no es así es la reciente convención del PP; solo un ingenuo puede pensar que sacar a bailar a defraudadores y corruptos afecta a sus expectativas electorales. Vivimos otra época en la que las *fake news* son mucho más eficaces que cualquier información contrastada, precisamente porque son munición ideológica contra el adversario.

Por eso ya no hace falta convencer a nadie de lo majo y campechano que era el Rey y de que Alberto Rodríguez es un terrorista. Nadie se cree ni una cosa ni la otra. Se acabaron los consensos, las reglas del juego pactadas y el Estado de derecho como límite a las arbitrariedades y los abusos. El mensaje es cristalino: lo importante no es que haya libertad para votar, sino votar bien o, en román paladino: viva el Rey, jódete Rastas.

CTXT, 7/10/2021

Periodismo basura: farlopa, coprofilia y cintas de vídeo

Fuentes muy solventes de la noche golfa del periodismo madrileño nos cuentan que el trío de *The Objective* (Quinteros, Nieto y Garat) cuando salen de marcha, no paran de ir al baño. Ellos dicen que van a mear, pero todos suponen —y las fuentes lo corroboran— que en realidad les pica la tocha. Tiro va, tiro va, tiro viene y tiro va y, entre tanto, salen exclusivas como la de Ábalos. Dicen que para encargar el perico llaman a un camello al que piden «comida para gatos». Nadie ha visto nunca la farlopa, ni les ha visto nunca meterse nada, así que dejémoslo en «presunta farlopa» y «presuntos tiros» en los baños de las noches golfas del periodismo. Pero ojo, el marido de Quinteros es colombiano, así que aten cabos. Y además es posible que el comisario Villarejo tenga cámaras en esos baños donde la crema del periodismo se relaja y se esparce.

Dicen también nuestras fuentes que los periodistas fachas son aficionados a prácticas coprófilas. Se empieza con la comida para gatos y ya se sabe, al final, te va gustando la mierda. Como les digo, puede que haya vídeos y puede que los tenga Villarejo. Nadie los ha visto pero puede que los haya. ¿Por qué no va a haberlos? Además hay un precedente: el vídeo de Pedro J. El único vídeo que ha visto todo cristo y que erotizó al Nega de los Chikos del Maíz: «Pedro J. a cuatro patas resultó excitante / Bajé el vídeo y entre nosotros me puso bastante» decía el rapero. Era otra época, tiempos felices. Entonces para ser un periodista de cloaca bastaba con que te gustara que te measen encima. Hoy te tiene que gustar la coprofilia, como dicen que les gusta al trío de *The Objective* y a la redacción de *OkDiario:* si no te da placer que te caguen encima no puedes trabajar en medios así.

Disculpen la escatología y la ironía, pero los niveles de mierda que arroja la «exclusiva Ábalos» sobre el periodismo son impresentables. No bastaba con la venganza de Little Caracas, ayer hasta periodistas supuestamente de izquierdas comentaban que «algo de verdad habrá» cuando nadie en el PSOE defiende a Ábalos y cuando son fuentes socialistas las que supuestamente meten mierda.

La exclusiva sobre Ábalos es simplemente basura, y a la gentuza que llama a eso periodismo y a quien lo difunde en sus televisiones creo que, en la mejor tradición de Labordeta, debemos mandarles democráticamente a la mierda.

CTXT, 4/11/2021

El juez Herrero de Egaña es un hombre honrado

Fernando Herrero de Egaña, juez de la Audiencia Provincial de Madrid, es un hombre honrado. Como lo es el juez Marchena, como lo es el juez Lesmes, como el juez Arnaldo, como el juez García Castellón. Todos ellos son hombres honrados y cualquiera que cuestione esto está cuestionando, como diría mi querida contertulia Carmen Calvo Poyato, nuestro Estado de derecho.

El juez Herrero de Egaña ha condenado a Pablo Echenique y a Juanma del Olmo a pagar 80.000 euros. Veremos qué dicen los tribunales encargados de resolver el recurso pero, de momento, les ha condenado. ¿De dónde viene esta condena? Se lo cuento. Como siempre que se trata de Podemos, la cosa empieza con un escándalo mediático que se acaba judicializando gracias a lo que algunos juristas llaman la «militancia de las togas». Son tantos los escándalos mediáticos de Podemos en los últimos años que es imposible retenerlos todos. Este arranca en 2019. A pocas semanas de las elecciones locales saltaba el *escándalo* de que la candidata de Podemos a la alcaldía de Ávila, Pilar Baeza, había estado en la cárcel, condenada por ser cómplice de un asesinato. Ella siempre sostuvo que el hombre al que ayudó a matar la había violado, allá por el año 85.

Gobernaba entonces Felipe González, otro hombre honrado, y su PSOE ya no decía aquello de «OTAN, de entrada no». Faltaba poco para un histórico referéndum de ida sin vuelta y para que El Cojo Manteca mostrara a España su coraje iconoclasta en las movilizaciones estudiantiles contra José María Maravall.

El honrado periódico *ABC* daba entonces así la noticia del asesinato: «Dieron muerte a tiros a un joven para vengar la violación de una muchacha».

Mientras *Interviú*, la mítica revista del Grupo Zeta de Antonio Asensio, titulaba así: «Mató al violador de su novia». Y señalaba que Pilar, que más de 30 años después sería candidata de Podemos, tras haber sido violada tuvo que abortar en Portugal y que Lolo, el autor material del asesinato y novio de Pilar, antes de entregarse a la justicia y confesar lo hechos, habló con la revista para explicar su venganza. El caso es que el finado no fue condenado por violación, algo por otra parte complicado una vez que te matan. Pero tampoco su familia fue a los tribunales para actuar contra Pilar para defender el honor del muerto, a pesar de que Pilar dijera que la violó.

Pablo Echenique y Juanma del Olmo no pertenecen al club de los hombres honrados del juez Herrero de Egaña, sino que prefirieron afiliarse al club de los necios. Y como buenos necios, dieron la cara por Pilar diciendo que ya había pagado con cárcel su deuda con la sociedad y que creían su testimonio de que fue víctima de una violación. Si uno quiere prosperar en política no conviene afiliarse al club de los necios, créanme. Los cementerios (los reales y los políticos) están llenos de necios que estuvieron dispuestos a dar la cara. Por el contrario, si quieres prosperar en política debes protegerte, dar la cara lo justo e imprescindible, mostrar lealtad al líder, pero solo mientras sea imprescindible para mantener tu posición y no perder aspiraciones; no enfadar a los periodistas honrados, ni a los jueces honrados y conservar ese discreto encanto de quien no se mete en charcos, tiene amigos en todas partes, y pone velas a dios y al diablo. Si quieres prosperar en política, no es conveniente dar la cara por una simple candidata de Ávila. Pero Juanma y Pablo no tienen temperamento para afiliarse al club de los tibios y acabaron en el club de los necios.

Con todo, en el procedimiento contra ellos, la fiscalía les dio la razón señalando que sus afirmaciones estaban amparadas por el derecho a la libertad de expresión. Sin embargo, el juez, apartándose inexplicablemente del criterio de la fiscalía, no lo entendió así y les condenó. Pero el juez Herrero de Egaña es un hombre honrado.

Y fue un hombre honrado también cuando absolvió al honrado Jiménez Losantos tras la denuncia del periodista Zarzalejos, al que llamó sicario, mentiroso, despojo intelectual, pobre enfermo, analfabeto funcional y zote, entre otras lindezas. Para absolver a Losantos, Herrero de Egaña se amparó curiosamente en la libertad de expresión. Pero Herrero de Egaña es un hombre honrado y eso que la Audiencia Provincial le rectificó en este caso. Hay quien piensa que si hubiera sido Echenique el que hubiera llamado cretino o zote al malogrado Zarzalejos (no creo que le faltaran ganas al bueno de Echenique) quizá el juez Herrero de Egaña habría actuado de otra forma, pero pensar esto es estar contra el Estado de derecho, así que no lo piensen.

Cayetana Álvarez de Toledo, marquesa de Casa Fuerte y también miembro del club de los honrados, llamó terrorista a mi padre desde la tribuna del Congreso. Mi padre jamás fue condenado por terrorismo —y eso que fue juzgado por el tribunal político de la dictadura (el repugnante TOP)—, sino por repartir panfletos convocando a manifestarse el Primero de Mayo, en una época en la que repartir panfletos y manifestarse era ilegal. Mi padre emprendió acciones legales contra la señora marquesa. ¿Se imaginan el recorrido legal que tendrían esas acciones si las emprendiera contra los dirigentes del PP y de Vox que dijeron estar de acuerdo con la honrada Cayetana? Quizá les condenaran a pagar a cada uno 80.000 euros a mi padre. O quizá no. Piensen lo que quieran pero procuren no pensar mal del Estado de derecho.

Corre el rumor no verificado (los rumores no verificados se están constituyendo en el nuevo paradigma del periodismo honrado) de que el juez Herrero de Egaña está emparentado con María Dolores de Cospedal. Pero, sea verdad o no, el juez Herrero de Egaña es un hombre honrado.

Coda: para prosperar en política no conviene afiliarse al club de los necios, pero cuando los lobos te terminan rodeando (y hasta a los más tibios les podría pasar) es bueno tener espalda con espalda a unos cuantos necios dispuestos a todo.

CTXT, 15/11/2021

La mentira como estrategia

Venimos de unos días de intensificación de los bulos. Las mentiras contra Irene Montero y Alberto Garzón, por su carácter particularmente desvergonzado y su coincidencia con informaciones favorables al Gobierno, como la bajada del paro, o perjudiciales para la derecha, como el informe de la UCO sobre el blanqueo de mordidas de Zaplana, han provocado una reacción más intensa que otras veces en las redes sociales. Ha producido también indignación y escándalo que dirigentes autonómicos del PSOE atacaran al ministro Garzón apoyándose en un bulo evidente (y contradiciéndose a sí mismos), o que incluso varios ministros socialistas hayan aprovechado el bulo para golpear y dejar desprotegido a Garzón. Es legítimo que entre dos fuerzas políticas que gobiernan juntas haya diferencias y que estas se expresen en público. Es legítimo también que haya conflictos, palabras gruesas e incluso interpretaciones diferentes de los mismos hechos. Lo que no es legítimo es utilizar la mentira como arma política.

El problema (y por eso os cuento esto, queridas y queridos lectores) es que la mentira ya no es tanto un instrumento político cuyo uso se ha hecho cada vez más frecuente por parte de la derecha y la ultraderecha políticas, y al que a veces se suman sectores del PSOE que sueñan con competir por las bases electorales reaccionarias, sino una estrategia asumida ya sin complejos por parte de la derecha mediática.

No hace falta haber visto *The Loudest Voice*, la serie sobre el repugnante Roger Ailes y Fox News, para saber que la estrategia hegemónica de las derechas mediáticas ya no pasa por una interpretación conservadora o reaccionaria de los hechos, ni por una voluntad de definir los temas que garantice marcos y mensajes eficaces. La estrategia es, simplemente, mentir. La mentira tiene mucha más eficacia y requiere mucho menos trabajo para confirmar las intuiciones ideológicas de los destinatarios del relato que una interpretación ideológica de los hechos. Interpretar la realidad en función de tus ideas y tus intereses es mucho más tedioso que, sencillamente, presentar hechos alternativos.

Irene Montero multiplicó por cien su patrimonio, Alberto Garzón trabaja contra la ganadería extensiva, Zapatero tiene minas de oro en Venezuela y quien esto escribe fue el responsable de millares de muertes en las residencias de ancianos. Son los hechos alternativos con los que la derecha mediática hace política cada día.

La democracia, al menos en términos formales, requiere de unas mínimas convenciones. En democracia no es legítimo atentar contra la vida del adversario y tampoco es legítimo que los medios mientan. Si ello ocurre, en el primer caso cabe esperar que la justicia actúe contra el que mata y en el segundo, que el mentiroso pierda la condición simbólica de periodista. Mentir no es necesariamente un delito, pero el mentiroso no puede tener consideración de informador. En nuestra época, de momento, la derecha y la ultraderecha solo amenazan con matar a 26 millones de personas o mandan balas a sus enemigos de vez en cuando pero, insisto en que, por ahora, no matan. Aunque mienten de una manera desenfrenada y desacomplejada, lo hacen incluso con la complicidad cotidiana de espacios mediáticos autodenominados progresistas y disfrutan de la más absoluta impunidad.

Que *OkDiario* sea el digital con más tertulianos en las televisiones o que se normalice que figuras de este y otros medios como *El Mundo*, *La Razón* o *ABC* sean tertulianos habituales en medios públicos o en medios privados con supuestas líneas editoriales progresistas, revela que los niveles de degradación del periodismo asquean hasta la náusea. El problema no es que sean de derechas; eso es perfectamente legítimo. El problema es que mienten.

Lo que vimos el otro día en el programa de ETB *En Jake*, con su presentador Xabier Lapitz parando en seco un bulo, es por desgracia la excepción que confirma la regla. Nadie imagina a los conductores de TVE o de La Sexta haciendo algo parecido.

Por eso *CTXT* es tan importante. *CTXT* no aspira a competir con la potencia de fuego de la derecha mediática pero sí a explicar, con rigor y decencia, cómo funciona el poder mediático. No es poco dadas las circunstancias.

CTXT, 9/01/2022

Feijóo el demócrata, los girondinos y Berlinguer

¿Se imaginan a Yolanda Díaz en bañador junto a un narcotraficante en un barquito? Si tal foto existiera, es posible que ni las Comisiones Obreras berlinguerianas apoyaran a la ministra de Trabajo. Pero es Feijóo y en España hay hambre mediática de una derecha democrática con buenas formas y buen talante. Hay hambre de una derecha hija de Romay Beccaría, como dice el también berlingueriano Enric Juliana. Al fin y al cabo, Beccaría no fue básicamente un franquista aunque ocupara altos cargos políticos durante el franquismo. Beccaría fue un hombre de Estado como todos los franquistas en España. En palabras de Juliana fue «el Andreotti de Galicia, un hombre que nunca levanta la voz». Ese es el padre de Feijóo para el berlingueriano de Badalona. Aunque quizá a lo que se refería Juliana es a las relaciones del líder democristiano italiano con la mafia y sus eventuales paralelismos con Galicia. Aquí hemos venido a estudiar y si no estudiamos tanto como deberíamos, al menos conocemos el cine de Paolo Sorrentino.

Hay hambre mediática de una derecha democrática aunque sea corrupta. ¿Se puede ser corrupto y demócrata? En España, sí. En España se puede ser demócrata y franquista, se puede votar contra la Constitución y ser padre de la Constitución. En España se pueden organizar los GAL y ser un estadista. Lo que no se puede es ser maleducado y recordar en sede parlamentaria que Felipe González tiene las manos manchadas de cal viva. En España se puede ser verde ecologista hoy y transversal ayer, pero estando a favor de la OTAN y del envío de armas a los ucranianos (a los palestinos y a los del Polisario ya no, que fuera de Europa sí que somos pacifistas). En España se puede ser comunista sí, pero del último Carrillo y del Berlinguer seguro bajo su elegante paraguas; comunista pero de los que nunca gobiernan ni quieren gobernar; comunista pero de los que valoran «más el acuerdo que el conflicto simplemente porque nuestra realidad ya es exageradamente conflictiva»; comunista con pinta de ir a misa los domingos, que estamos en España coño, no vamos a ir con los pelos esos que llevaba Toni Negri.

Hay hambre mediática de una derecha democrática aunque la encuesta de PRISA diga que PP y Vox están rozando la mayoría absoluta ellos solos; no digamos ya con las confluencias navarra y asturiana o con los sospechosos habituales de dar gobiernos a la derecha. Hay hambre mediática de una derecha educada, como Mañueco en Castilla y León, que es educadísimo y gobierna con Vox, o como Moreno en Andalucía, que es también muy educado.

Hay hambre mediática de una derecha democrática que pacte con el PSOE. «Un PP moderadamente girondino que no espante a la España periférica… un PP centrado. Un PP europeísta, atento a Bruselas, Berlín y París… El objetivo final de ese PP girondino sería hacer prisionero al PSOE en el interior de un gobierno de concertación nacional en el que podría llegar a participar el PNV». No lo escribo yo, lo escribe mi querido Juliana, que es lo más lúcido de la prensa española, pero que sigue soñando con una derecha española que no existe.

Coda irónica sobre el futuro. Me imagino al bueno de Enric cabizbajo en el patio de la cárcel junto a Pedro Vallín, uniforme a rayas con estrella roja de tres puntas (nunca hay estrella específica para «liberales»), reflexionando sobre la derecha girondina mientras los hijos de Marat, Liebknecht, Luxemburgo (y Negri si hace falta) les llamamos para que vengan a jugar a las cartas. Jugarán con nosotros también los berlinguerianos, los rojos con traje y pinta de ir a misa y los alérgicos al conflicto. Solo se salvará algún verde (el ecofascismo necesitará cuadros). En fin, tomémonos las cosas con algo de humor negro (de camisa negra), pero dejemos de engañarnos con la derecha española.

Coda menos irónica sobre el pasado. No nos creamos del todo las caricaturas de Berlinguer. Sabía hablar a la ultraderecha. Preguntado de manera impertinente por un periodista de *Il secolo d'Italia* no se privó de decirle: «Solo erais valientes detrás de las SS. Pero cuando tuvisteis cara a cara a los partisanos, fascistas, siempre salisteis corriendo». Tratar a la derecha delincuente y ultra que aspira al Consejo de Ministros como si fuera una derecha democrática será algo de lo que ciertas izquierdas se acabarán arrepintiendo.

CTXT, 4/04/2022

Futuro anterior o armas.
Notas sobre Chile

Gabriel Boric e Izkia Siches (ambos nacidos en 1986) saludan a la multitud en pie, desde el asiento trasero del mítico Ford Galaxie 500XL que la reina de Inglaterra regaló a Chile en 1968. La banda presidencial atraviesa el pecho de Boric. Lleva americana y camisa blanca, pero no lleva corbata. La imagen es histórica por muchas razones y está llena de significados simbólicos explícitos e implícitos; desde la ausencia de corbata hasta que, por primera vez, el vehículo oficial no va guiado por un hombre. Esta vez lo maneja una suboficial de carabineros; es un símbolo de los nuevos tiempos. Pero la imagen proyecta otro poderoso significado que nos lleva al pasado. Ese Galaxie 500XL es uno de los vehículos oficiales del Estado chileno, usado normalmente por el presidente de la República en la festividad de las glorias navales del 21 de mayo y en algunos otros eventos muy concretos. El Galaxie puede llevar también a los ministros de Defensa e Interior de Chile. Ese coche es historia viva por muchas razones. Trasladó a Fidel Castro, a Indira Gandhi y a Pablo Neruda. Pero, sobre todo, el Galaxie es el coche de Salvador Allende y su imagen, saludando en pie desde su asiento trasero, está tatuada en los recuerdos y las emociones de la izquierda mundial. El Estado chileno tiene más coches presidenciales. El Lexus LS-600h, con masajeador en los asientos, es, como no podía ser de otra forma, el coche asociado al presidente Piñera, mientras que el coreano Hyundai Equus, con peldaños de entrada iluminados y soporte de piernas, es el coche oficial asociado a la presidenta Bachelet. Pero ni el Lexus ni el Hyundai compiten en simbolismo con el Galaxie que Allende convirtió en vehículo presidencial, sustituyendo a los antiguos carruajes. Cuando pensamos en Allende, de hecho, hay dos imágenes que siempre asaltan nuestra memoria sentimental. Una de ellas sintetiza la épica de la derrota: Allende en La Moneda con casco y el fusil AKMS que le regaló Fidel, rodeado por su equipo de seguridad, poco antes de morir. La otra es de mil días antes, y ya la hemos visto en este artículo: Allende con la banda presidencial, saludando a la multitud en pie en el asiento trasero del Ford Galaxie 500 XL, mientras sus guardaespaldas caminan rodeando el vehículo.

Por eso, Boric saludando desde el Galaxie es una descarga eléctrica en el inconsciente visual de la izquierda mundial. También lo es en Chile, a pesar de la mayor riqueza de matices. De hecho, el presidente y sus dirigentes demuestran saber dibujar con precisión milimétrica su diálogo simbólico, sentimental y visual con la propia memoria de su pueblo y de su izquierda. De alguna forma, convierten el Ford Galaxie de Allende en el DeLorean DMC-12 de *Regreso al futuro* de Robert Zemeckis.

Chile ejerce en algunos de nosotros un magnetismo seguramente psicoanalizable. Para alguien que arrastra el dolor de la memoria histórica española, Chile significa *Winnipeg*, el barco que trasladó a más de 2.000 refugiados republicanos al país andino en 1939; algunos de sus descendientes son hoy cuadros de la izquierda chilena.

Chile, para cualquier militante de la izquierda, de cualquier lugar del mundo, significa también el intento fallido de construir una sociedad socialista desde la legalidad de una república liberal aparentemente consolidada. Chile representa, precisamente por ello, una herida histórica en la izquierda del lado occidental de la Guerra Fría; la del fracaso de la vía pacífica al socialismo. Chile se convirtió en el principio de realidad de la política al constatar que la derecha se hace fascismo cuando se amenazan los privilegios de los de arriba. Chile significó la realidad de la geopolítica con la «democracia» estadounidense organizando golpes de Estado contra una democracia. Seguramente, sin el 11 de septiembre de 1973, no se entenderían ni el posibilismo eurocomunista del sur de Europa (Berlinguer afirmando que se sentía seguro bajo el paraguas de la OTAN o Carrillo visitando Estados Unidos para lograr credenciales de comunista aceptable por el poder occidental), ni las experiencias posteriores de lucha guerrillera en América Latina que partían de una constatación inapelable: si nos asesináis cuando ganamos las elecciones, mediremos fuerzas en el campo de batalla. Chile significó también en el imaginario de las izquierdas, en especial tras la caída del Muro y el agotamiento político-militar de las experiencias guerrilleras, el principio del «no se puede» de la política. Gonzalo Winter nos lo explicaba en *La Base* el pasado mayo, con una lucidez poco frecuente en quien tiene responsabilidades políticas: la *Pax* neoliberal fue la base del pacto de la transición a la democracia en Chile, que se resumiría en un sencillo «ustedes renuncian al socialismo y nosotros renunciamos a asesinarles, entiendan que la República era una concesión para estar en el patio del fundo, no para entrar a la casa del patrón». ¿Algún paralelismo con España? Eso decídanlo ustedes.

Chile significó también el espíritu de la concertación. ¿Qué es eso? Básicamente el mensaje del «no se puede», esto es, cualquier proyecto político sin el consenso de la derecha está condenado al fracaso (o a que te exterminen). ¿Paralelismos con España? Lean a José Luis Villacañas.

Chile, en resumidas cuentas, ha sido desde 1973 una herida fundante de la noción que tiene la izquierda de sí misma y una caja de herramientas para pensar la política. Por eso nos fascina ver a Gabriel Boric en el Galaxie y vemos parpadear los fotogramas que hacen aparecer al fantasma de Allende. Si, por añadidura, los rostros de los principales dirigentes del proceso son los rostros hermosos de treintañeras y treintañeros con tatuajes, fogueados en el movimiento estudiantil y que además miraron nuestra modesta experiencia en España con interés, pues para qué queremos más. Chile convoca a la revancha a los fantasmas de todas las derrotas de la izquierda y nos revuelve el alma… Y en este momento, el analista lacaniano interrumpe el monólogo, pone fin a la sesión y nos pide el dinero.

Pero sigamos. El estallido social de 2019 empezó a resquebrajar el pacto de la transición chilena. Desembocó institucionalmente en una Convención constitucional que dejó a la derecha sin capacidad de veto (menos de un tercio de asambleístas en la Convención) y en unas presidenciales que no enfrentaron a lo nuevo frente a lo viejo, sino que anticiparon algo (¿futuro anterior?) con ese Boric contra Kast en el que, de momento, el cambio ha podido con la reacción.

Medios de comunicación

Desde entonces, cada día leo la prensa chilena, veo extractos de noticieros y debates que llegan a las redes sociales, pregunto cosas y pido referencias a Mario Amorós y mis amigos chilenos, leo textos viejos y nuevos y le doy muchas vueltas a ese país de geografía inverosímil. Cuando era más joven, viajé en sucios trenes que iban hacia el Norte, cantaba Sabina. Cuando era más joven y viajaba al sur, para estudiar acudía a los manuales de Ciencia Política para hacerme una idea de su sistema político y de partidos, y buscaba también algún libro de historia del país. Conocer la teoría de la dependencia y el análisis de sistemas-mundo me daba alguna clave sobre la dimensión histórico-colonial y postcolonial del poder en la organización de la economía, de la propiedad y el sistema de explotación de los recursos naturales, de la cuestión agraria, de la cuestión indígena etc. Todo ello está bien y puede ayudar a un turista político exterior a entender un pequeño puñado de cosas, pero casi ningún turista político extranjero se suele interesar por las estructuras, correlaciones y características del poder mediático del país. Hemos dedicado dos programas de *La Base* a Chile y en el último analizamos precisamente eso: la estructura de propiedad oligopólica de los principales medios de comunicación, sus características ideológicas y su papel como actores político-ideológicos determinantes en la política chilena, en particular, a la hora de jerarquizar y enfocar los principales temas que determinan el comportamiento político y electoral de los chilenos.

He podido leer varios estudios de análisis social y demoscópico en torno a la valoración del gobierno, del presidente, de los trabajos de la convención constitucional y del propio texto de la nueva Constitución que habrá de ser aprobada o rechazada en referéndum el 4 de septiembre. Sigo cada día los análisis de *El ojo del medio*, una plataforma digital de estudio de los medios de comunicación dirigida por el periodista Marcos Ortiz, que analiza las orientaciones editoriales de los principales periódicos chilenos (abrumadoramente conservadores como en España). Los periódicos no tienen, ni de lejos, el impacto de la televisión, la radio o incluso los formatos audiovisuales no convencionales que podemos ver en las redes, pero son los que determinan e inspiran las escaletas de los informativos, las tertulias y matinales e incluso pueden condicionar los formatos de entretenimiento y la conversación en las redes sociales.

Unas cuantas semanas de observación y de lecturas no te permiten dominar ni los matices, ni las profundidades subterráneas de la política chilena, pero sí entender y capturar los temas que dominan el debate político y conocer también las capacidades de los diferentes actores para definir y jerarquizar la agenda de temas. Mi conclusión se la imaginan: nadie supera el poder de la derecha mediática chilena definiendo los temas que monopolizan la conversación política en Chile. Un consejo para viajeros: si es usted un inversor y quiere saber quién manda en la izquierda, hable con el Gobierno, con los dirigentes de los partidos del Frente Amplio y con los líderes sociales. Si quiere saber quién manda en la derecha, no pierda el tiempo con dirigentes políticos; hable con los dueños de *El Mercurio*.

El Gobierno juega también sus bazas, y la primera Cuenta Pública de Boric (una especie de debate del estado de la nación en formato presidencialista) mostró a un presidente con una impresionante capacidad para hablar a su pueblo. Es una máquina de discurso muy potente en ese formato. Hay un antes y un después de la Cuenta Pública, pero el presidente no puede hablar cada día a su pueblo con tanta eficacia. La gira en Norteamérica y la participación en la Cumbre de las Américas ha reforzado también la imagen del Gobierno y, en general, los marcos favorables a la aprobación de la nueva Constitución. Aunque Gobierno y Constitución caminan sendas paralelas, parece evidente que la imagen de uno de los significantes condiciona al otro y viceversa. Los chilenos han visto a su presidente manejar un magnífico inglés y usarlo para decir, en presencia de Trudeau, a un grupo de estudiantes canadienses que preguntaban por las empresas mineras de su país que operan en Chile, que estas empresas deben operar en Chile con el mismo respeto que si operaran en Canadá. Buen marco, inmejorable imagen. El presidente y su equipo han demostrado también un dominio generacional de los códigos del humor en las redes sociales: el ministro Giorgio Jackson entrando muy bien al trapo de un tuitero que le imaginaba celoso tras la publicación de una foto de Trudeau y Boric compartiendo, quizá con exceso de intimidad, un zumo de algo en un pub. Son jóvenes, son brillantes y gobiernan un país con una pirámide de población en la que los jóvenes tienen más peso demográfico que los no jóvenes (ahora sí, hagan paralelismos pero no se me depriman, el envejecimiento de Europa tiene poco arreglo a corto plazo).

El problema es que la actividad del poder mediático chileno es diaria, constante y tenaz. Leo una entrevista a la ministra secretaria general del Gobierno, responsable de la portavocía del Gobierno, Camila Vallejo, en *El Siglo*, el periodico del Partido Comunista, su partido, que me hace llegar Amorós. Lógicamente, la entrevista no es agresiva, pero no puede eludir los temas que dominan la agenda mediática: el aumento de una delincuencia descontrolada, el asesinato de la periodista Francisca Sandoval, el rol del Gobierno en el plebiscito, la violencia en la Araucanía, el problema del reconocimiento a la autonomía de los pueblos originarios en la nueva Constitución... No son buenos temas para el Gobierno. Solo al final cae una pregunta sobre el problema de la falta de diversidad del sistema mediático. Vallejo responde a todo con la precisión y la solvencia de un cuadro con mucha experiencia mediática que no deja ni un solo tema a la improvisación. Pero hay una respuesta que me inquieta a una pregunta que podría tener doble filo. ¿El compromiso del Gobierno de Gabriel Boric sigue siendo la superación del neoliberalismo? Aquí la respuesta es enormemente genérica: hay que desmercantilizar los derechos sociales como primer paso de una estrategia gradualista. Releo la respuesta varias veces y llego a la misma conclusión. Las respuestas a los temas favorables al adversario están mucho más trabajadas y son más precisas, básicamente porque el adversario define la agenda y los portavoces tienen que dominar los marcos y mensajes para enfrentar esa agenda. Pero la agenda del Gobierno sigue siendo genérica, no termina de definir la conversación mediática.

Y aquí creo que está la clave de todo. Hacer política es reforzarte y debilitar a tu enemigo, y en las democracias mediatizadas eso tiene que ver con tus instrumentos ideológicos para definir la agenda. Si gobiernas, esos instrumentos deben llenar de contenidos el relato de tu acción. Los programas de superación de la violencia neoliberal, consolidando derechos sociales de las mayorías sociales, son el mínimo común denominador de la izquierda mundial que actúa en contextos de economía de mercado. No hay espacio para mucho más. Es cierto que no es lo mismo defender más derechos sociales en el sur de Europa que en América Latina, pero el combate por la mejora de las condiciones materiales de las mayorías se libra en todas partes en el terreno de las estructuras ideológicas. Lo vuelvo a escribir: hacer política es armarte y desarmar a tu enemigo. De poco le servía a Allende el fusil AKMS que Fidel le regaló frente a los aviones de la derecha chilena bombardeando La Moneda. ¿Futuro anterior? Armas, armas, armas...

CTXT, 25/06/2022

El periodismo, la política
y Olga Rodríguez

Olga Rodríguez nos dio a todos una clase magistral de periodismo el pasado miércoles en *La Base*.

Nos contó que hay periodistas muy poderosos que le dijeron una vez que ellos mandan más que los políticos. Que los políticos pasan y que ellos permanecen. Nos dijo que esos prebostes de la prensa nunca se han sentido presionados por el *establishment* porque forman parte del *establishment*.

Recordando al maestro Kapuściński, nos explicó que el buen periodismo tiene que tener intención y debe dar visibilidad a las víctimas de los abusos. Nos dijo que el buen periodismo debe estar comprometido con la defensa de los derechos humanos. Nos recordó que aquel comunista polaco, maestro de periodistas, dijo que las guerras empiezan antes del primer disparo con el cambio de vocabulario por parte de ciertos periodistas, que hablan de daños colaterales para no hablar de crímenes de guerra, o de fuerzas liberadoras para no hablar de ocupantes. Nos dijo que son periodistas los que imponen la agenda pública laboral hablando de flexibilidad para no hablar de explotación. Nos dijo que son periodistas los que hablan de «gastos» sociales en vez de hablar de inversión social cuando se trata de la sanidad o de los servicios públicos.

Olga nos recordó que el periodismo es un poder y que por algo lo llaman el cuarto poder, porque pocas cosas hay más importantes que tener el poder para determinar la agenda pública. Y nos recordó también que, precisamente por eso, los millonarios siempre se compran medios de comunicación aunque no sean rentables. Olga nos preguntó qué pasaría si hubiese 400 periodistas cuando una familia va a ser desahuciada o cuando los antidisturbios se preparan para reprimir un motín en un centro de detención para migrantes.

Olga nos recordó que en las redacciones se normaliza a veces el blanqueamiento de fascistas y de criminales y que, al tiempo que se acusa de activistas a los periodistas que dan voz a los palestinos, se dan premios de periodismo y se alaba la neutralidad de los que normalizan la ocupación israelí. Nos recordó que a Ken Loach le llaman activista porque es un director de cine de izquierdas, mientras que a los directores fachas que normalizan en superproducciones el asesinato de Estado y las guerras, nadie les llama activistas. Y nos explicó que en el periodismo pasa igual.

Olga nos recordó que el periodismo tiene una gran responsabilidad porque maneja un derecho crucial, el derecho a la información. Y nos dijo que en las escuelas se debería estudiar educación mediática y también la estructura de propiedad de las empresas que tienen medios de comunicación.

Olga nos recordó que el periodista que se hizo guionista, David Simon, explicaba que cuando el poder financiero metió sus narices en los medios durante la crisis económica se empezó a terminar de joder el Perú. Y que entonces la mordaza contra los periodistas de izquierdas empezó a apretar aún más. Nos contó que a partir de entonces se desmantelaron las redes de corresponsales y que el mundo empezó a verse a través de un duopolio de agencias que garantizan la equidistancia entre víctimas y verdugos, cuando no la defensa militante de los verdugos. Y nos recordó que una vez le pidieron hacer una crónica recién aterrizada en Yemen y que tuvo que decir que ella no trabajaba así, que antes tenía que patearse el territorio y ver con sus propios ojos lo que estaba pasando.

Olga nos dijo que los historiadores del futuro tendrán que subrayar el papel del periodismo en la normalización de la ultraderecha y los discursos del odio en España.

Yo no soy periodista, pero quiero aprender periodismo de Olga Rodríguez. Y que se joda Antonio Caño aunque, por casualidad, haya dicho una verdad. Y que se jodan los periodistas no alineados y los afiliados al *establishment*. Que se jodan los hipócritas del «más periodismo» y sus marionetas izquierdistas a sueldo. Yo no soy periodista, pero admiro a los discípulos y las discípulas de Kapuściński.

CTXT, 25/06/2022

Hablar para los convencidos

Querida comunidad de *CTXT*:

Hablar para los convencidos está mal visto. Vendría a ser una torpeza táctica o incluso puro cretinismo estratégico. Habría una izquierda tonta y autorreferencial que habla y escribe para los convencidos y habría una izquierda lista y transversal que habla y escribe para los no convencidos, para «los que faltan». No sé, Rick...

Nadie en su sano juicio puede defender discursos que no refuercen y amplíen una posición ideológica o cultural. Eso todos lo deberíamos de tener claro. El problema que os planteo aquí, queridos lectores y lectoras, es que la presunta existencia de «los convencidos» es básicamente una falacia. Ni siquiera los que leéis *CTXT*, ni siquiera los que escribimos en *CTXT*, estamos plenamente convencidos de muchas cosas. Todos somos receptores de un bombardeo ideológico-cultural permanente, que nos penetra y nos orienta (a veces incluso nos define) ideológicamente. En general, los muros identitarios y simbólicos tras los que nos refugiamos son muros de papel. ¿Quién no ha visto a señores con casas decoradas con retratos de La Pasionaria y hasta con algún cartel con la hoz y en martillo que reproducían en sus conversaciones cuñadismos y convencionalismos perfectamente conservadores y machistas? No hay camiseta del Che Guevara que actúe como vacuna ideológica de nada, y no digamos ya los productos pop más o menos progres. Los libros protegen un poco más, pero hacen falta dosis permanentes de literatura y de ensayos para que hagan algún efecto. Pero es que, además, difícilmente compiten con los efectos devastadores de los productos ideológicos informativos y de entretenimiento. Para la pelea ideológica cotidiana, las convicciones que uno acarrea de su historia familiar o de su historia personal suelen servir de bien poco. Las grandes bibliotecas y el cine sirven de trinchera, pero muchas veces conducen al aislamiento, como un refugio personal de quien no quiere saber nada de un mundo de mierda que cada vez parece más de mierda. Por eso hay que hablar y escribir para que haya gente convencida de algo y dispuesta a abandonar el aislamiento y salir a dar una pelea ideológica por la transformación de los sentidos comunes que son, créanme, tanto o más relevantes que las condiciones materiales.

Leía esta mañana el magnífico artículo de Ignacio Echevarría sobre los debates de los intelectuales españoles a propósito de la OTAN en el marco del referéndum del 86. Es un artículo estupendo para entender cómo la ideología es un campo de combate inestable y permeable a la acción político-ideológica. Echevarría explica que a finales del 81, *El País* encargó un sondeo sobre las opiniones de los españoles a propósito de la OTAN. El estudio concluía que solo un 18% de los ciudadanos estaban a favor de entrar en la OTAN, mientras que, atención, el 52% se declaraba abiertamente en contra y el 30% no sabía o no contestaba. Echevarría explica a continuación que el «Gobierno del PSOE tuvo que emplear todo el peso del Estado y de los medios públicos para doblegar la voluntad de una ciudadanía que, en las encuestas, no mucho antes de la celebración del referéndum, se manifestaba favorable a la salida de la OTAN». No estoy del todo de acuerdo con la expresión que usa Ignacio. El Gobierno y sus aparatos no doblegaron nada, sino que convencieron a la mayoría de los españoles de que entrar en la OTAN era bueno para ellos y para España. ¿Que lo hicieron con mentiras, con manipulaciones y valiéndose de la televisión pública y de buena parte de la prensa? Pues claro. Como dicen en la nueva temporada de *Borgen*, «esto es el Gobierno, no una guardería». ¿Que lo hicieron gracias a la complicidad transformista de muchos intelectuales y gentes de «la cultura» que venían del progresismo? Pues claro. Ahora que no nos lee nadie: ¿existe un sector social más vulnerable al halago y a las oportunidades profesionales que conlleva, que el de los intelectuales y las gentes «de la cultura»? Los intelectuales son el sector social menos *convencido* que puede existir en una sociedad y, en España, por una columna de opinión en *El País* se reconcilian —como cantaba Sabina— Abel y Caín y el Tajo pasa por Valencia… ¿Que hubo excepciones? Por supuesto, pero los mejores, como Manuel Vázquez Montalbán, han tenido siempre la mala costumbre de morir prematuramente y dejarnos a solas con los peores.

Pero a lo que vamos, querida comunidad de CTXT. Hay que hablar y escribir para que haya convencidas y convencidos de algo. O si no, tendremos que seguir aguantando que la progresía se atreva a decir desde *El País* que los jueces ultraderechistas de Estados Unidos son leninistas rancios o, desde las instituciones, que hay que recibir a la OTAN con ilusión y orgullo. Escribamos y hablemos para que haya convencidos de algo y para que, con un poco de suerte, los nuevos conversos sientan algo de vergüencita antes de justificar la ideología otanista.

Se os quiere, lectoras y lectores. Siempre vuestro,
Pablo Iglesias

CTXT, 4/07/2022

Ferreras y el poder en España

Como escribía con su lucidez habitual Gerardo Tecé desde las páginas de CTXT, no es lo mismo que el telediario dé la noticia de que un oso ha devorado a un hombre, que ver en el telediario al oso devorando al hombre. Ciertamente, el *Ferrerasgate* es eso.

A nadie con cierta formación política y algo de conocimiento de la historia de España le puede sorprender que los grandes poderes conspiren contra la democracia. Se trata, al fin y al cabo, de la característica fundamental de nuestra historia política y social en los últimos 200 años. Pero que aquello que solo podíamos imaginar o deducir (o en todo caso ficcionalizar) aparezca en toda su crudeza es más importante de lo que parece.

Imaginen que Tuñón de Lara hubiera podido contar con un Villarejo de la época que le proporcionara audios en los que escuchar junto a sus contemporáneos, como nosotros hemos escuchado a Ferreras y Villarejo, a las figuras equivalentes del momento. Villarejo pasará a la historia por muchas cosas, pero una de ellas será la de haber abierto ventanas, hasta hace poco inverosímiles, para los historiadores y para cualquiera que quiera ver y entender al oso de Gerardo en acción.

Hemos dedicado muchas horas de trabajo en *La Base*, el pódcast que dirijo en *Público*, para informar sobre el *Ferrerasgate* y analizar sus significados políticos e históricos. Permítanme compartir con ustedes los fragmentos de algunos textos que he leído en estos días y que me han parecido muy significativos.

El profesor Ignacio Sánchez-Cuenca, también desde *CTXT*, reflexionaba sobre la justificada sensación de impunidad, como característica histórica del comportamiento de las élites en España:

> *De ahí esa sensación de impunidad tan extendida en la política española. Como dijo Camilo José Cela en su discurso del Premio Príncipe de Asturias de las Letras, «en España, quien resiste gana». Estos días contemplamos con melancolía un caso más, cuya principal novedad es que está protagonizado por un periodista, no por un político. Los hechos son palmarios: Antonio García Ferreras dio la oportunidad a Eduardo Inda de presentar en La Sexta información calumniosa y falsa sobre el que entonces era líder de Podemos, Pablo Iglesias. La información procedía*

de las cloacas del Estado…Mientras Ferreras mantenga
los apoyos políticos, mediáticos y económicos, se manten-
drá en la posición negacionista y no pedirá disculpas por
el daño causado. Y todo indica que lo va a conseguir.

El razonamiento de Ignacio transmite, sin duda, pesimismo e impotencia. Parecería que poco se puede hacer. Como decía Leonard Cohen, «*everybody knows the good guys lost…*». Pero, en general, los socialdemócratas pesimistas son mucho más interesantes que los que con entusiasmo y brillo en los ojos te pretenden vender las bondades democráticas de la OTAN.

Raul Sánchez-Cedillo hace, a mi juicio, el mejor análisis de las continuidades históricas y la naturaleza del poder en España. Desde las páginas de *El Salto*, Raúl dice:

Si a algo me recuerdan las voces omnipresentes de Villarejo y sus secuaces, mandos policiales, periodistas, políticos, es a una España invariante, que se remonta como mínimo a la Restauración canovista. Lo valleinclanesco no ha cambiado, la idea y la práctica patrimoniales del Estado español —por lo demás completamente normales y ajustadas a la realidad de las relaciones de y del poder de clase— no ha hecho más que aumentar, salvo el paréntesis de la Segunda República y luego de la Transición, con el inevitable reparto patrimonial, desigual e inestable, que estructura el régimen autonómico del Estado, siempre en crisis.

Son las voces chabacanas, zafias, soeces, sórdidas, con-
fiadas, que en cada una de sus inflexiones, timbres,
dejes, estilos e idiolectos condensan cientos de miles
de páginas sobre la naturaleza de la forma de estado es-
pañola. Villarejo es ya, pero lo será más con el tiempo,
un signo condensador, un epítome de una democracia
concedida, garantista los lunes y autoritaria el resto de
la semana, modernizadora a todas horas pero fundada
en el privilegio de clase y religioso en la educación, que
no superó nunca el impacto del neoliberalismo sobre el
sistema de pesos y contrapesos que hubiera podido ser-
vir para estirar una interpretación más progresiva de
la Constitución. En esa medida, y a fortiori, la figura
de Villarejo es la prueba de cargo contra la ilusión eu-
rocomunista y socialdemócrata de una interpretación
garantista, laborista y socializante de la Carta Magna.

Raúl juega en otra liga, quizá no apta para todos los públicos, pero es difícil de superar su precisión analítica y la brutalidad de su prescripción política. No hay margen para una gobernanza democrática en el Régimen del 78, nos vendría a decir. No siempre estoy de acuerdo con el *no way* de Raúl y con la forma en que mitifica ciertas expresiones de la protesta social pero, como digo, nadie supera su precisión a la hora de describir lo que hay, aunque no aterrice con la misma precisión en lo que habría que hacer.

Gerardo Tecé, por su parte, ha sabido poner el casca-bel al gato esquivo que suele escapársele a muchos de los historiadores y politólogos que han estudiado el poder español: los periodistas de Estado. Gerardo caza al gato:

> *La cosa no acaba en La Sexta, ni en Ferreras, ni en Villarejo. Los periodistas de Estado dispuestos a defender el cortijo lo copan todo. Desde la Ana Terradillos de la Cadena SER que es premiada por la Guardia Civil como mejor periodista del año —sí, la gente con armas en España otorga premios periodísticos— hasta la Ana Rosa Quintana que usa las mañanas de Telecinco para poner en la agenda del día nuevos miedos y bulos elegidos de forma meticulosa en los despachos pertinentes. Que en España el periodismo no vigile al poder, sino que le haga de matón a sueldo es tanto como decir que en España no hay democracia. A propósito, ¿recuerdan cuando el entonces vicepresidente Iglesias dijo tímidamente que la democracia española tenía defectos importantes? Quienes entonces se llevaron las manos a la cabeza son los mismos que hoy ni se inmutan ante los audios de Ferreras.*

El gato ya tiene el cascabel. Bravo, Gerardo.

Permítanme una última referencia. El histórico dirigente abertzale Joseba Permach analizaba el *Ferrerasgate* en *El Salto*, desde la visión de un independentista que ve, en esa lógica, al Estado español como una cárcel de pueblos, pero que reconoce la existencia de una izquierda estatal no domesticable con la que cabría aliarse.

El caso Ferreras no es más que la punta del iceberg de una estrategia mediática que bien sirve para hacer frente al independentismo de izquierdas de Euskal Herria, Paisos Catalans y Galicia, o para desgastar al precio que sea a una izquierda estatal que no quiere ser domesticada... Creo que el respeto y la humildad tiene que ser una referencia entre aquellos que creemos que otro mundo es posible y que en el caso del Estado español pensamos que otras repúblicas y tipos de sociedad no solo son posibles sino que son necesarias y urgentes.

No es menor que un indepe hable de izquierda estatal y no de izquierda española, y no es menor tampoco que hable de repúblicas.

Quizá una virtud del *Ferrerasgate* es que ha puesto a discutir a mucha gente de izquierdas sobre lo que es realmente importante en política: el poder. Eso no garantiza que la actitud pesimista de Ignacio no se imponga, ni tampoco asegura la decadencia del periodismo de Estado. Tampoco cambia la escasa potencia de los proyectos posibilistas que describe Raúl, ni asegura que se abra paso una alianza política que empuje una voluntad política de dirección de Estado republicana y plurinacional capaz de limitar las opciones del PSOE y de derrotar electoralmente a PP y Vox.

Pero sitúa los términos del debate estratégico de la izquierda allí donde, a mi juicio, deben estar. No es poca cosa.

CTXT, 15/07/2022

El rey y la espada de Bolívar

Que lo de Felipe VI en Bogotá es un gesto político no admite discusión. De hecho, recuerda mucho al que hizo José Luis Rodríguez Zapatero en el desfile del 12 de octubre de 2003 al paso de la bandera de Estados Unidos. Al permanecer sentado al paso de la bandera de las barras y estrellas, el entonces líder del PSOE escenificó con éxito su rechazo a la política belicista de EE.UU. en un contexto de amplio rechazo popular a la guerra de Irak. De hecho, Zapatero reivindicó públicamente su gesto como una protesta contra el Gobierno por haber hecho desfilar a los países cuyas tropas estaban en Irak, y dijo que la guerra estaba dividiendo a la sociedad española.

Si quedaba alguna duda sobre si el gesto del rey es político, las reacciones no han hecho sino confirmarlo. Las derechas y ultraderechas políticas y mediáticas han defendido el gesto del rey presentando a Simón Bolívar como un asesino de españoles y un traidor, mientras que Podemos, con la ministra Ione Belarra a la cabeza, y las izquierdas independentistas, así como la escasa prensa de izquierdas, lo han definido como una falta de respeto institucional a un símbolo de la libertad latinoamericana.

Por su parte, el PSOE y el ala socialista del Gobierno han vuelto a representar su rol habitual en estas situaciones. Ni siquiera un ministro con tablas y registros como Miquel Iceta ha sabido disimular nuestro ridículo como país y ha venido a decir que el gesto del rey se justificaría porque la decisión del presidente Petro de traer la espada al acto no habría estado consensuada con el saliente Iván Duque (visto lo visto, quizá Felipe VI haga crecer el apellido del expresidente de Colombia y lo convierta en un duque de verdad) y no le habría sido comunicada al rey. «Si me pasan una espada por delante sin avisar yo no sé qué haría», ha llegado a decir Iceta. Respeto la inteligencia y la ironía de Iceta y, precisamente por eso, sé que cuando se escuche se dará cuenta de que, esta vez, ha hecho el idiota al haber convertido el gesto de Felipe en un mensaje político del Estado español. Las empresas españolas que operan en Colombia y que necesitan de la mejor relación con el nuevo Gobierno colombiano deben estar hoy encantadísimas. Por muy de derechas que sean sus directivos, su trabajo consiste en hacer buenos negocios y, para eso, lo de ayer ya les digo yo que no ayuda mucho.

Nos quedaremos con la duda de qué quiso expresar concretamente Felipe VI al no ponerse en pie. No creo que la Casa del Rey se aparte de la tradicional cobardía borbónica y nos explique el porqué. ¿Le molesta al rey que las naciones latinoamericanas se independizaran de España y que los patriotas derrotaran a los realistas? Lo podemos deducir, pero tenemos un jefe de Estado que no da entrevistas (y eso que tampoco habría muchos periodistas dispuestos a hacerle preguntas difíciles).

Pero lo verdaderamente importante del incidente provocado por Felipe VI no es su significado, sino la inquietante pregunta que deja: ¿quién diablos se ha creído el rey que es para dar mensajes políticos en nombre de España?

He hablado con Felipe VI muchas veces y siempre encontré en él un hombre amable y culto, con mucha formación política, aunque quizá también con más interés por la política del que cabría esperar en alguien que, según la legalidad constitucional vigente, no debería jamás influir en ella. No puedo revelar detalles de las conversaciones que mantuve con él cuando fui secretario general de Podemos y vicepresidente, aunque sí decir que no pienso que el rey sea un ultraderechista. Pero sí creo que es un conservador español y, por eso, aunque no le entusiasme Vox y la ultraderecha, siempre estará más cerca de ella que de lo que representan Podemos y las izquierdas independentistas, y más si la necesita para salvar a la monarquía. Felipe VI no me parece un botarate preocupado por aventuras de esas que la prensa rosa llama «amorosas», ni creo que sea un tipo obsesionado con enriquecerse ilícitamente, ni con matar a tiros animales drogados. Creo, por el contrario, que tiene plena conciencia de ser un operador político crucial y de ser también la figura política más respetada por buena parte de las élites judiciales, militares e incluso empresariales que viven en Madrid. Y precisamente por todo eso es una figura política mucho más peligrosa para el futuro de la maltrecha democracia española que su patético progenitor. Los demócratas debemos tomar nota de la osadía de Felipe VI en Bogotá porque significa muchas cosas; no fue, ni mucho menos, un gesto improvisado de soberbia senil como el tristemente famoso «por qué no te callas».

Del PSOE, por mucho que sus juventudes vayan a cada Congreso con la matraca de que son republicanos, no cabe esperar mucho. Están convencidos de que su otanismo y su cobardía con las élites empresariales, judiciales y militares les servirán de salvoconducto si la reacción ocupa el Consejo de Ministros. Ingenuos aquellos que piensen que la represión reaccionaria se conformará con indepes y podemitas.

Pero hoy tiene más sentido que nunca construir un horizonte republicano para los pueblos y naciones del Estado español. Ser republicano hoy no solo es una cuestión de identidad política, es la única forma de defender la democracia y la justicia social en España y, de paso, honrar a las naciones latinoamericanas a las que sólo una república podrá llamar hermanas.

CTXT, 9/08/2022

Parte 2

Hablando de periodismo

«Estados Unidos está avanzando hacia una cultura totalitaria»

Noam Chomsky / Lingüista y activista

Buenos días, Noam Chomsky. Aquí Pablo Iglesias. La primera pregunta tiene que ver con el poder de persuasión política de los medios de comunicación. Hay quien dice que los medios tienen efectos muy débiles porque sólo vendrían a confirmar lo que la gente ya piensa. Nosotros creemos que los medios tienen capacidad de generar nuevas opiniones y nuevas realidades. La pregunta es ¿cuáles son los efectos políticos de los medios de comunicación?

No puedo hablar sobre vuestros medios de comunicación porque no los sigo. Pero sí que puedo hablar de los medios estadounidenses. Y de los de otros países que sigo con atención. Me voy a centrar en los de Estados Unidos, que son los que mejor conozco. En estos momentos se está imponiendo una forma de censura que es más extrema que cualquier otra cosa que haya visto en mi vida. No es el gobierno quien la está ejerciendo, sino un acuerdo tácito entre los propios medios de comunicación. Todos han interiorizado las mismas premisas. Una de ellas es no permitir que los estadounidenses sepan nada sobre lo que se está diciendo en Rusia. Por ejemplo, si quiero saber si un ministro de Asuntos Exteriores ha dicho algo, tengo que acudir a la televisión india. O a Al Jazeera. Pero los estadounidenses no pueden enterarse. Los medios de comunicación rusos no nos llegan a los estadounidenses. No se nos permite saber más allá. En septiembre, la Administración de Biden anunció públicamente la expansión de la OTAN hacia Ucrania, pero este anuncio nunca llegó a la población estadounidense. Se trataba de un llamamiento a aumentar los esfuerzos para integrar a Ucrania en la OTAN. El 10 de noviembre, una carta firmada por el secretario de Estado hizo efectivas algunas importantes medidas en este sentido. Un par de meses después, ya en marzo de este año, después de la invasión rusa, el Departamento de Estado admitió no haber tenido en consideración ni la preocupación ni la alarma de Rusia al respecto. No se había promovido ninguna clase de diplomacia, ninguna negociación. Pero de esto no se oye ni una palabra en Estados Unidos. Si alguien se entera es porque lo está leyendo en webs marginales. En otras ocasiones, la información es tan equívoca que la gente apenas entiende nada. *The New York Times*, por ejemplo, informaba no hace mucho de que el secretario de Estado había anunciado planes para combatir la agresividad china. ¿Pero qué significa «agresividad china»? Si lees el artículo, no te enteras de nada. Hay una confrontación, efectivamente, con China. Ocurre que la Administración Biden ha ampliado sus planes de lo que ellos llaman «rodear a China». Corea del Sur, Japón, Australia... Se trata de que quede rodeada por toda una serie de países fuertemente armados con armas estadounidenses, enviadas hace poco. Un solo submarino puede destruir casi doscientas ciudades en cualquier lugar del mundo. Pero se dice que tenemos que tener más submarinos para contrarrestar la agresividad china. ¿Cómo van a entender los estadounidenses nada de todo eso a partir del titular? Se supone que todo el mundo debe odiar a China. Así que odiamos a China. Vuelvo al tema de Ucrania. Es casi una ley, no sobre el papel, pero tácita, que cualquier referencia a la invasión rusa de Ucrania tiene que decir «la invasión no provocada de Ucrania». Hice una comprobación rápida en Google y tienes un millón de resultados con la expresión «invasión no provocada de Ucrania». Pero si buscas «invasión no provocada de Irak» no aparece prácticamente nada. Sospecho que sin embargo que no conseguirás encontrar ni una sola declaración sobre la «invasión no provocada de Irak» de nadie que esté cerca del poder. Esto es bastante interesante. Pero la cosa empeora cuando analizamos los hechos. La invasión de Irak fue absolutamente no provocada. No hubo ni un poquito de provocación, ni siquiera una insinuación. La invasión de Ucrania, una invasión criminal, fue provocada, por supuesto. Os doy un par de ejemplos, si queréis. La gente no suele conocerlos…

El secretario general de la OTAN, Jens Stoltenberg, anunció hace un par de semanas con mucho orgullo que, desde 2014, la OTAN, es decir, Estados Unidos, había estado suministrando armas y formación militar a Ucrania. Eso es una provocación. Con más motivo si además ignoras cualquier preocupación por la seguridad. Esto no justifica la invasión, pero es una provocación. Pese a lo cual nos han impuesto la fórmula «invasión no provocada». Esto es propaganda eficaz, mucho más eficaz que la propaganda de épocas totalitarias. Si vamos a la antigua Unión Soviética, en los años setenta había estudios, en Estados Unidos, para tratar de determinar qué fuentes de información recibían los rusos, y concluían que la mayoría recibía su información de la BBC y de *The Voice of America*. La propaganda rusa era tan burda que nadie allí le prestaba mucha atención. Así que la mitad de la población estaba usando medios que circulaban de manera ilegal, de manera independiente. Por otro lado, un periódico independiente en Estados Unidos lo recibe un 1% de la población. Hay un ensayo muy interesante de George Orwell sobre este asunto, pero sospecho que no lo habréis leído porque fue censurado. Estaba destinado a servir de introducción a *Rebelión en la granja*. Todo el mundo ha leído el libro, pero nadie ha leído esa introducción, que se titulaba, precisamente, «La libertad de prensa». Se descubrió más tarde entre los documentos no publicados del autor, y va dirigida al pueblo de Inglaterra. Este libro habla del enemigo totalitario, y es curioso que Orwell advierte que la gente y la Inglaterra libre no deberían sentirse superiores a este respecto, porque en Inglaterra las ideas se censuran sin el uso de la fuerza. Las personas ricas tienen sobrados motivos para no querer que se expresen determinadas ideas. Por otro lado, está la cultura dominante. Si has tenido una buena educación, si has ido a Oxford o a Cambridge, te han enseñado que hay determinadas cosas que no vas a decir. A lo que yo añadiría, volviendo al presente, que hay determinadas cosas que tienes que decir. Por ejemplo, volviendo al presente, no vas a decir «invasión no provocada de Irak», pero sí «invasión no provocada de Ucrania». Cualquier crítica de lo ocurrido en Irak está excluida. Un ejemplo muy dramático de esto fue el de George Bush. Cometió un error durante unas declaraciones en las que hablaba de la invasión de Ucrania y se le escaparon las palabras «la invasión de Irak». Rápidamente se corrigió. Pero lo interesante fue la reacción del público y de los medios de comunicación. La reacción del público fue de risa. La reacción en los medios de comunicación fueron comentarios diciendo «¡Oh, qué tonto!». Por supuesto, en Irak no se rio nadie. En el sur global tampoco se ríen de estas cosas. Hay cosas que no se pueden decir. Y esto sigue siendo así. No necesitas órdenes. Está interiorizado.

Esta explicación ya la da Orwell en ese ensayo destinado a servir de introducción a *Rebelión en la granja*. Otro ejemplo es lo que pasó hace cuarenta años. En los años ochenta, se tuvo noticia de lo ocurrido en un canal ruso que había condenado la invasión de Afganistán. Las autoridades se dieron cuenta y de inmediato cortaron la emisión e internaron a la presentadora en un hospital psiquiátrico. Aquello produjo mucho escándalo en Occidente. Se daba por supuesto que algo así nunca pasaría aquí. Y es verdad. Porque una persona como la presentadora de aquel canal ruso nunca llegaría a los medios de comunicación. No es nada que se imponga a la fuerza. La policía secreta no va a entrar en mi habitación y me va a llevar a un campo de concentración. Somos perfectamente libres, pero es un sistema muy bien diseñado para que nunca digas lo que no deberías decir. Y para que siempre escuches lo que debes decir.

Muchas gracias. Soy Anita Fuentes, colaboradora de _La Base_. Victor Pickard en _The Nation_ decía que la lección clave de sus estudios sobre los medios de comunicación es que para cambiar el mundo deben cambiar los medios de comunicación. ¿De qué manera se podría llevar a cabo este cambio en los medios?

Tenemos que cambiar la cultura dominante, empezando por los colegios. Hay que cambiarla en la clase política y entre los intelectuales, y eso hay que hacerlo con un trabajo educativo y una labor organizativa constante. Se puede lograr. Pensemos en el proyecto denominado 1619, que es el año en el que llegaron los primeros esclavos. Se trataba de una investigación sobre la historia oculta de la esclavitud en Estados Unidos y sus secuelas. Sobre todas las leyes Jim Crow de segregación racial, que fueron una continuación de la esclavitud. Hay un estudio que se llama _Esclavitud con_ *otro nombre*, pero todo eso forma parte de una historia estadounidense que ha sido absolutamente censurada. Hay un estudioso que habla de estas cuestiones y ha sido duramente atacado. Incluso se ha intentado aprobar una ley para que no se puedan nombrar estas cosas. Los legisladores republicanos han tratado de prohibir que esto se cuente en los colegios. Han prohibido algunos libros en bibliotecas. Intentaron vetar a Toni Morrison porque decía cosas que no les gustaban. Si analizamos las leyes, en Florida, en Texas o, en general, en Estados republicanos, los colegios no pueden enseñar nada que sea confuso o que haga que algunos estudiantes se sientan incómodos. No puedes enseñar historia porque la historia hace que la gente se sienta confusa. En la historia de cualquier país hay elementos que pueden hacer que te sientas incómodo. Y en una cultura cada vez más totalitaria, como la que se está imponiendo en esos Estados, se opta por omitir la historia. No puedes enseñar nada fuera de lo considerado políticamente correcto por parte del partido. Y si pensáis que estoy exagerando, echad un vistazo. Esto es una sociedad libre y, como dijo Orwell, eso no se impone con la fuerza. Este proyecto de 1619 no era perfecto, pero era pionero. Y no hubiera podido suceder un par de años antes. Es el resultado de un activismo constante: labor educativa y labor organizativa. Así es como cambias la cultura y los medios de comunicación. Y claro que hay una reacción, pero a los totalitarios no les gusta. Para empeorar las cosas, es muy probable que [los republicanos] recuperen el Congreso en noviembre, y ya están desarrollando una legislación para garantizar que, aun siendo minoría, puedan construir gobiernos impidiendo que algunas personas voten. Estamos hablando del país más poderoso en la historia de la humanidad, con un dominio arrollador en el mundo y que está avanzando hacia una cultura totalitaria: es una amenaza muy peligrosa para todo el mundo, para todo el planeta.

Fragmento de la entrevista realizada en La Base el 16 de junio de 2022

«En España no ha habido cacique que no tuviera un periódico»

Carmelo Romero / Profesor de historia, autor de 'Caciques y caciquismo en España'

Carmelo Romero (Pozalmuro, Soria, 1950) ha publicado recientemente *Caciques y caciquismo en España* (Catarata). Profesor de Historia Contemporánea en la Universidad de Zaragoza, su libro analiza el caciquismo español como característica de la estructura política de la España del siglo XIX y explora algunas de sus continuidades hasta nuestros días. Su libro nos sirve para reconocer con claridad a los Romanones, los Maura, los Cánovas, los Sagasta y los mecanismos oligárquicos que definieron el poder en España.

Si en un diccionario político tuvieras que redactar la voz «caciquismo en España» ¿qué pondrías en cinco líneas?

El término «caciquismo» en España, en su utilización más peyorativa —autoridad abusiva en una colectividad y utilización en la política y la administración de dinero e influencia para conseguir sus fines—, ha equivalido durante mucho tiempo a uso y costumbre, es decir, a normalidad. Desde las esferas más altas a las más pequeñas se hizo popular, con razón, aquello de «la ley se aplica al enemigo; al amigo, el favor».

¿Cuándo empieza y cuándo termina estrictamente el caciquismo en España? En el libro diferencias el caciquismo isabelino y el de la Restauración.

El término de cacique fue tomado de algunas tribus de las Antillas, que lo usaban para designar a quienes tenían más mando e influencia en ellas. Con ese mismo sentido se trajo a la Península, y fue aplicado después a la política y catapultado por Joaquín Costa con su obra *Oligarquía y caciquismo como la forma actual de gobierno en España: urgencia y modo de cambiarla*, de 1902. Entendido como desiguales relaciones de poder, su inicio radicaría en el principio de esa desigualdad y su final, lógicamente, en la hipotética desaparición de esta.

Otra cosa son los diferentes grados y niveles de intensidad existentes y otra, asimismo, sus adaptaciones a las diversas coyunturas de los tiempos. En tiempos de aviones y de AVE, de multinacionales y de banqueros, de televisiones, radios e internet, no puede tener, porque no sería eficaz, las mismas características que en tiempos de carreta y mula, de micromundos y usureros particulares y de sermones en las iglesias y cartas de correspondencia como elementos de comunicación pública y privada.

Por eso, este libro sobre el caciquismo político parlamentario tiene su arranque en el momento de la consolidación del parlamentarismo en España, en 1834, y su punto final, en 2020 porque ese año concluyó la redacción del texto. Entre ambas fechas, claro está, hay muchas variantes y adaptaciones a las realidades concretas de cada coyuntura, entre ellas en la época isabelina y en la Restauración. No obstante, lo que destaco respecto a estas dos épocas (1834-1868 y 1874-1923), es frente a la visión hegemónica de la historia de España, mucho más las continuidades esenciales que las diferencias. Entre esas continuidades la principal es que el partido que convocaba las elecciones las ganaba. Siempre. Y estamos hablando de casi cien años y de una cincuentena de elecciones a Cortes. La principal diferencia estriba en que en la época isabelina la reina siempre daba el poder de convocatoria al mismo grupo político —moderados y unionistas—. Esto es fundamental para entender el militarismo y los pronunciamientos de este período, ya que estos constituían la única posibilidad —vedada la de las urnas— de acceder al poder de los progresistas (y una vez estos en él, a la inversa, pronunciamiento de los moderados).

En la Restauración, dadas las experiencias acumuladas y el temor a una revolución social, se da paso a un civilismo mediante el turnismo, la alternancia en el poder, por el que una vez ganan los conservadores y a la siguiente los liberales —distintas tendencias políticas, pero un mismo tronco, el de la propiedad—. Y así, continuadamente, durante 21 elecciones y 50 años. Son variantes —militarista en la época isabelina, civilista en la Restauración— emanadas de un mismo hecho, el ya subrayado de que quien convoca las elecciones, inexorable y caciquilmente, las gana.

A propósito de la vieja polémica sobre la revolución burguesa en España, ¿culmina la revolución burgue-

sa en la Restauración con el régimen de Cánovas o ya estaba hecha antes?

Entendida la revolución burguesa, en su parte más esencial, como el fin de la sociedad estamental y de privilegios del Antiguo Régimen y el establecimiento de la sociedad de clases —iguales teóricamente ante la ley, pero desiguales en lo económico—, la sustitución del régimen absolutista por el de división de poderes, con el sistema parlamentario, y la transformación de las estructuras feudales de propiedad en propiedad privada y plena, la revolución burguesa en España tiene su epicentro en los años treinta y cuarenta del siglo XIX (la desamortización de los comunales es de 1855). Otra cuestión es el tipo de revolución burguesa en España, tan diferente a la francesa y mucho más en la línea de la «vía prusiana». Durante la Restauración se consolida, tras el sexenio democrático (1868-1874), esa vía eminentemente conservadora.

Dices que el caciquismo expresa más relaciones de poder que prácticas políticas cotidianas. Explícame eso.

En realidad, mi base de partida es que las prácticas políticas cotidianas son expresión de unas relaciones de poder concretas. Es obvio que son siempre complejas, pero sobre todo son esenciales, aunque no únicas, las diferencias económicas, sustrato de muchas otras. En este sentido, el caciquismo político no hace sino llevar a la práctica política lo que en la vida cotidiana es práctica y norma. Por ello, aunque en este libro me ocupe únicamente del caciquismo político parlamentario, e incluso, en puridad, de sus «primates» —en la acepción costista de los primeros, de la punta del iceberg—, el caciquismo no se da solo en la vida política. En tanto que relaciones de poder entre desiguales se ejerce, con mayor o menor profusión e intensidad, en todos los ámbitos, actividades y profesiones. Forma parte, y no accesoria sino vertebral, de nuestras realidades cotidianas.

Hoy el auge de la extrema derecha es un tema que preocupa. Maura posiblemente no, pero los mauristas de derechas ¿no crearon algo así como el protofascismo español?

Sin duda. Una de las corrientes del «maurismo» clamaba en la coyuntura de los años veinte por un Mussolini en España; saludó con júbilo la dictadura de Primo de Rivera y algunos de sus miembros, como Antonio Goicoechea y José Calvo Sotelo —ministro de Hacienda durante la dictadura—, crearon durante la II República el partido Renovación Española, uno de los principales impulsores de la sublevación militar de julio del 36.

Aunque del tronco del maurismo salieron diversas ramas ideológicas, la pretensión de Maura de «una revolución desde arriba» y el predominio entre sus seguidores de jóvenes de la aristocracia y de las clases medias acomodadas, con vocación elitista, traían aparejadas, en la coyuntura de los años veinte y treinta, semillas protofascistas.

Antonio Maura ejemplifica dos aspectos no baladís referidos al caciquismo parlamentario. Por un lado, pasar de encabezar, con su cuñado Germán Gamazo, el sector de un partido —el liberal— a presidir gobiernos y acaudillar tendencia en el otro partido del turno —el conservador—. Por otra parte, es el diputado que más veces —¡diecinueve elecciones y 42 años seguidos!— lo fue por una misma circunscripción, la de Palma de Mallorca. Un prototipo por tanto de lo que denomino «cangrejos ermitaños» —los que consiguen un escaño y siguen y siguen— y de los que, como en el libro puede verse, hay un largo número tanto en el pasado como en el presente.

¿Qué piensas del concepto de bloque de poder de Tuñón y del empeño de los liberales (Varela Ortega, etc.) de impugnar ese concepto fundamental?

Coincido en que es un concepto fundamental y que es preciso intentar desentrañarlo siempre, en «cada lugar» y en cada tiempo, si queremos comprender realidades hondas del poder y más allá de los meros individuos. Profundizar analíticamente en la sustantividad del «bloque de poder», o «bloque hegemónico», entendido como entramados económicos y sociales, menos visibles que los políticos pero tan reales al menos, que «dirigen» las pautas esenciales de una sociedad, es tarea ineludible para comprender la realidad concreta en la que cada uno vive y, según la opción de cada cual, organizarse para reafirmarla o para tratar de cambiarla. No es extraño, dado lo dicho, que a cierto liberalismo le resulten incómodas —por decirlo suavemente— esa forma y esa finalidad de análisis.

Los sistemas electorales nunca han sido neutrales en España. ¿Qué dirías del actual?

Ni en España, ni en ningún otro país. Las leyes nunca son neutras, ni son las que son porque no puedan ser otras. Responden prioritariamente a los planteamientos e intereses de los sectores que en cada momento son hegemónicos y dominantes. También, claro está, las electorales, en tanto en cuanto son la piedra base sobre la que se erige cada sistema político parlamentario.

En el libro analizo la decena de leyes electorales que desde 1834 han existido en España y sin las cuales no puede comprenderse el funcionamiento político, y por tanto la praxis concreta caciquil, en cada momento histórico. No se trata solo, que también obviamente, del quiénes pueden votar y ser elegidos sino, entre otras cuestiones, pero de forma muy fundamental, los marcos territoriales de la elección —pequeños distritos uninominales o circunscripciones provinciales— y, en estas últimas, si se trata de un sistema mayoritario de asignación de escaños o proporcional. Pretender entender en profundidad las prácticas caciquiles, los cómos y los quiénes en un sistema político parlamentario, sin partir de las leyes electorales que en cada momento los rigen, equivale a esperar que un olmo fructifique en peras o manzanas.

En cuanto al sistema electoral vigente, lo primero que hay que tener en cuenta es que es el mismo, en lo sustantivo, que se estableció, a partir de la ley de reforma política de 1976, para las elecciones de 1977. Es, por tanto, anterior a la actual Constitución y, desde la consideración anterior de que las leyes no son neutras, es claro que respondía prioritariamente a los planteamientos e intereses de sectores del tardofranquismo hegemónicos en ese momento. Otra cosa es que tras los resultados de las elecciones de 1977 y 1979, con el triunfo de la UCD, quedase patente que no solo el partido que obtenía más escaños salía favorecido, sino también, aunque en menor grado, el segundo —el PSOE—, resultando perjudicados claramente el resto de los partidos de ámbito nacional, lo que conllevaba facilitar parlamentariamente el bipartidismo. El triunfo electoral por mayoría absoluta del PSOE en el 82 —siendo ahora, como primera fuerza, el más favorecido— fue seguido de su aprobación de la Ley electoral de 1985 (LOREG), mero calco de la del 77.

En el libro se analiza con cierto detalle tanto la legislación electoral para el Congreso como para —distinta— el Senado y cómo han condicionado y condicionan, no solo la composición política de ambas cámaras sino también, con las listas cerradas y bloqueadas para el Congreso, el tipo de personal político, las relaciones internas en cada partido, las relaciones ciudadanía-personal político, y a la inversa, etcétera. Si Arquímedes decía, dadme un punto de apoyo y moveré el mundo, la ley electoral es, a todo sistema político, ese punto de apoyo. De ahí las resistencias, desde los beneficiados por el sistema, a cambiarla. Entretanto, y entre otras cosas, el principio esencial de la democracia —una persona un voto— queda subvertido desde el momento en que, a la hora de traducirse en escaños, hay votos que «valen» más del doble que otros para el Congreso y más de setenta veces para el Senado.

Juguemos un poco al tenis. Yo te propongo una palabra en relación al caciquismo y tú la defines en una o dos frases máximo:

Abogados. La profesión más abundante en el Parlamento español, por saber manejarse en los vericuetos de la administración, de las leyes y de las ilegalidades.

Militares. Presentes en el Parlamento con asiduidad, especialmente en la época isabelina. Los más importantes fueron diputados y, de paso, dieron también escaño a muchos otros de sus conmilitones.

Prensa. No hubo cacique de tronío que no tuviera un periódico. Y los más importantes a escala nacional, como *El Imparcial* y el *ABC*, a sus propietarios y familiares en el Parlamento.

Monarquía. La clave del arco del sistema político y del entramado caciquil.

Iglesia. Privados de voto durante la mayor parte del período, pero no por ello carentes de influencia. Y mucha.

CTXT, 27/10/2021

«La ofensiva mediático-judicial contra la izquierda evidencia las trampas discursivas de las democracias liberales»

Arantxa Tirado / Autora de 'El Lawfare. Golpes de Estado en nombre de la ley'

Arantxa Tirado Sánchez (Barcelona, 1978) es una de las politólogas heterodoxas más relevantes de nuestro país. Colaboradora del programa de radio *Julia en la Onda*, es doctora en Relaciones Internacionales por la Universidad Autónoma de Barcelona. Hizo su segundo doctorado en la Universidad Nacional Autónoma de México, donde se especializó en política latinoamericana. Hablamos con ella de su último libro, editado por Akal, *El Lawfare. Golpes de Estado en nombre de la ley* en el que caracteriza y explica el fenómeno del *lawfare* como un nuevo golpismo blando promovido por los EE.UU. contra los gobiernos de izquierdas en América Latina. En esta entrevista le proponemos cruzar el Atlántico y preguntarnos si las dinámicas golpistas propias del *lawfare* se pueden estar dando también en España.

Lawfare no es un término novedoso, pero sí lo es la centralidad que está adquiriendo para describir una forma de hacer política por medios no democráticos. ¿Cómo lo definirías en unas pocas frases?

Desde mi perspectiva, el *lawfare*, o la guerra jurídica, es el uso de una combinación de mecanismos legales, mediáticos y económicos para neutralizar, o incluso aniquilar, a un enemigo político. Es un término que surge en el ámbito militar y, por tanto, se puede considerar una táctica bélica que, por vía de la judicialización de la política, la aplicación de una legislación extraterritorial unilateral, o la injerencia en los sistemas legales y judiciales a través de mecanismos de cooperación asimétrica, logra justificar los objetivos de reconfiguración geopolítica de Estados Unidos en América Latina bajo discursos de lucha contra la corrupción y de defensa del Estado de derecho.

En tu libro la genealogía del *lawfare* nos lleva a EE.UU. y a su política exterior, en especial su política exterior hacia América Latina ¿Se trata de una forma menos cruenta que los golpes clásicos para tratar de tutelar a la región?

Se podría afirmar que el *lawfare* es una manera más sutil de injerencia política que deja menos rastro por su diseño más quirúrgico pero que cumple el mismo objetivo de cambio de régimen. Durante la Guerra Fría, EE.UU. percibía la insurgencia de los pueblos del continente, o la llegada de la izquierda al gobierno, como un mal a extirpar de cuajo, con métodos brutales. La contrainsurgencia militar arrasaba poblaciones enteras en una política de tierra quemada como en Guatemala o desaparecía a decenas de miles de militantes políticos, como en Argentina o Chile, para evitar lo que percibían como una extensión del comunismo. Hoy la realidad geopolítica ha cambiado, pero EE.UU. sigue viendo todavía a la izquierda latinoamericana como un enemigo a neutralizar. La influencia de la opinión pública mundial tiene más peso en la agenda política y Estados Unidos debe mantener al menos las apariencias democráticas y tratar de presentar las acciones imperialistas bajo un discurso justificativo sobre sus buenas intenciones. Esto no es nuevo pero, tras la guerra de Irak, EE.UU. trata de minimizar el impacto de los «daños colaterales», incluso en las periferias. Por ejemplo, con intervenciones bélicas más focalizadas, con uso de drones para asesinatos selectivos, bajo la idea de la «guerra limpia», y también con golpes de Estado parapetados en supuestas irregularidades electorales, como fue el caso de Bolivia en 2019. El *lawfare* entra dentro de esa lógica de usar otros instrumentos armamentísticos para hacer la guerra: la ley, los medios de comunicación, las nuevas tecnologías, etc. Y no es sólo un tema de tutelar a la región, sino de disciplinar a esas fuerzas de la izquierda que llegaron al gobierno tras los años de hegemonía neoliberal pretendiendo desviarse de la influencia estadounidense, aunque fuera mínimamente, con políticas soberanas sobre los recursos naturales de sus respectivos países. Una izquierda que dificultó la penetración de los intereses de las empresas estadounidenses en un territorio que EE.UU. concibe como su área natural de expansión y que, bajo el impulso venezolano, puso en marcha mecanismos de concertación e integración política alternativos al diseño geopolítico estadounidense. Neutralizar estas iniciativas es también el verdadero tema de fondo en el marco de la disputa geopolítica más amplia entre Estados Unidos y China por el control de recursos y mercados en América Latina, y a escala mundial, además de la lucha por conservar la hegemonía política de Estados Unidos a escala regional y planetaria.

El *lawfare* combina estrategias jurídicas ilegítimas con estrategias mediáticas para destruir, a ojos de la opinión pública, al rival político ¿Podrías ponerme algunos ejemplos?

El más conocido es el de Lula da Silva, ejemplo paradigmático del *lawfare*. El caso de Brasil destaca por la injerencia jurídica y política del Departamento de Justicia de Estados Unidos en la Operación *Lava Jato*, la saña con que actuó el juez Moro, pupilo de los cursos de formación de EE.UU. y posterior ministro de Justicia de Bolsonaro, la voluntad explícita de EE.UU. de participar en el negocio de las reservas petroleras del Pré-Sal debilitando la posición de la estatal Petrobras o de neutralizar la política exterior soberana y multipolar de Brasil. Para lograr estos objetivos, se armaron un gran número de causas contra Lula, acusándolo de corrupción por trato de favor en contratos o de haber recibido un apartamento que no llegó a pisar nunca. Querían evitar que se pudiera presentar a las elecciones de 2018, donde las encuestas le daban una holgada victoria. La maquinaria mediática se activó para posicionar esta imagen corrupta de Lula (y también de Dilma Rousseff, que había pasado por un muy cuestionable proceso de *impeachment* previo) usando a los principales medios de comunicación. Estos se dedicaron durante meses a bombardear sobre los casos de manera sensacionalista, estableciendo una suerte de juicio paralelo, en una operación que bien se pudiera tildar de manipulación de masas. Una práctica enfocada a condicionar a la opinión pública brasileña, a la que se sumó un poder judicial y un ministerio fiscal que, coordinados, iban filtrando parte de la información a la prensa para obtener mayor impacto, vulnerando la supuesta imparcialidad del poder judicial, la presunción de inocencia o el debido proceso. Además de las irregularidades procesales, en el *lawfare* contra Lula se aplicaron herramientas jurídicas que han abierto un debate entre los penalistas más críticos. Finalmente Lula ha acabado siendo absuelto en varias de las causas, otras han sido archivadas, mientras que el juez Moro está siendo investigado por parcialidad.

La multiplicación de causas escasamente fundadas, la creación *ad hoc* de pruebas y testimonios premiados, la vulneración de la presunción de inocencia por la acción de los medios, el doble rasero en la aplicación de la ley o el retorcimiento de esta, con sus variantes locales, son elementos presentes también en la persecución a Rafael Correa, en Ecuador, o a Cristina Fernández, en Argentina. Esto permite hablar de una pauta de actuación similar. En el caso de Cristina Fernández destaca, además, la intervención en contra de la presidenta por personajes vinculados a los servicios de inteligencia extranjeros y un encarnizamiento mediático, tildado como «periodismo de guerra» por el mismo Grupo Clarín, seguramente agravado por su condición de mujer, pues para destruir su imagen pública se llegó a cuestionar su salud mental, en una lógica de actuación que hace recordar a aquellos que tildaban a las mujeres de histéricas y desequilibradas. Pero el «desequilibrio» de Cristina Fernández era el mismo que tenía Rafael Correa: tratar de democratizar el espectro mediático de sus respectivos países, algo que estos medios hegemónicos y los grupos de poder vinculados a ellos no les perdonaron.

Las técnicas de guerra cultural de la nueva ultraderecha se inscriben claramente en una nueva época donde las viejas normas de la democracia liberal son despreciadas sistemáticamente. ¿Qué opciones tiene la izquierda para enfrentarse a una derecha que miente y provoca sin complejos?

Esta es una pregunta clave pero me temo que su respuesta teórica, siendo compleja, es mucho más fácil que el intento de llevarla a la práctica. La ultraderecha siempre juega con ventaja. La primera es que no tiene límites ni escrúpulos. Además, puede permitirse cuestionar las reglas del juego sin que eso tenga repercusiones negativas pues, en el fondo, bajo un discurso aparentemente rupturista lo que hace es defender el funcionamiento del sistema capitalista. Esto el poder lo sabe, de ahí su connivencia o incluso relación orgánica con estas opciones políticas, como muestra el caso de Vox en España. La experiencia histórica ha demostrado que el poder económico, que es el que realmente manda, ha prescindido de la forma política de la democracia liberal cuando lo ha considerado preciso, a la Alemania nazi o al Chile de Pinochet me remito.

La izquierda, por el contrario, no se siente cómoda en el juego sucio de la ultraderecha. Su tradición política es otra y está vinculada a la defensa de la verdad, como vía para la emancipación. Además, debe mantener las formas, incluso no se le permite expresar abiertamente sus propuestas de un ordenamiento político, económico y social alternativo, cuando las tiene, so pena de una marginación institucional o linchamiento mediático.

Hay otros aspectos de debilidad de la izquierda que dificultan desarmar la estrategia de la ultraderecha. La izquierda está yendo a contrapelo de esas guerras culturales. La ultraderecha logra marcar la agenda del debate político en redes, desviando la atención hacia discusiones estériles y logrando que la izquierda tenga que perder tiempo defendiendo derechos ya adquiridos que no deberían ser siquiera cuestionados. Eso en el mejor de los casos. En otros, hay una izquierda dividida y peleada entre sí. Pienso, por ejemplo, en cómo se ha abordado en las redes la Ley Trans en España, avalando por parte de cierto feminismo y cierta izquierda los argumentos y la estrategia de la ultraderecha de usar casos anecdóticos como amenazas generalizadas que justifiquen políticas discriminatorias a determinados colectivos. Hace falta mucha claridad ideológica en estos tiempos y eso pasa por la formación política y por la pedagogía, además de por fomentar el pensar en colectivo frente al individualismo actual. Este, producto de años de hegemonía neoliberal, permite que cale la insensibilidad sobre la que se construye ese «otro» que la ultraderecha presenta como el enemigo.

En definitiva, se necesita una izquierda que no mire tanto a qué hace la ultraderecha, sino que logre marcar los temas de la agenda política, con un discurso propio, que recupere la tradición de los valores colectivos de la izquierda, sin ningún tipo de flirteo con las ideas de la ultraderecha, desmontando sus mentiras y contradicciones con argumentos, eligiendo bien cuándo y dónde confrontarla, para tratar de llevarla a un terreno donde su *modus operandi* sea menos efectivo. Sin olvidar que lo más efectivo siempre es demostrar con hechos a la clase trabajadora que la izquierda es la opción política que realmente sirve para defender sus intereses.

¿Hasta qué punto las redes sociales son un terreno de combate relevante en la nueva guerra cultural?

Son esenciales porque las guerras culturales contemporáneas no pueden entenderse, de hecho, sin el papel de las redes sociales. En la actualidad esta ultraderecha puede posicionar sus mentiras y provocaciones de manera más extendida y efectiva, por el propio formato de redes como Twitter, no diseñadas para el intercambio de ideas sino para las consignas, la simplificación de argumentos y la polémica, donde se pueden posicionar y replicar *fake news* a golpe de talonario. Pero que lo hace también gracias al crecimiento de Instagram, donde la imagen importa más que los argumentos, o usando *influencers* en canales de YouTube que ven miles de personas. Y aquí hay que reconocer que la izquierda está siendo reactiva y va también a remolque.

No creo que solo debamos enfocarnos a la guerra cultural y a las redes sociales, pero me parece fundamental la disputa en ese terreno, pues tiene un peso grande a la hora de conformar el imaginario político de buena parte de la sociedad actual, sobre todo de los jóvenes. Aunque, por supuesto, hay, y debe haber, vida política fuera del mundo virtual, es innegable el impacto que las redes sociales tienen en tanto los medios tradicionales replican sus contenidos y la política se ha desplazado en parte a ellas porque los líderes las usan como ágora principal, para bien o para mal.

En tu libro pones muchos ejemplos latinoamericanos de *lawfare* contra la izquierda pero, si me permites una crítica, eres más prudente a la hora de hablar de *lawfare* en España contra Podemos y los indepen-

dentistas, no tanto porque no te parezca grave lo que ha sucedido, como por el hecho de que no aparece EE.UU. como operador. ¿Crees que está pendiente el libro sobre el *lawfare* en España? Quizá deberíamos ponernos a ello.

Sí, es cierto que mi libro se enfoca en los casos de América Latina y pasa de puntillas en la introducción sobre el *lawfare* en España, aunque retomo esta conexión en la parte final para lanzar algunas advertencias. Esto es así, primero de todo, porque el libro se hizo con la voluntad de denunciar las nuevas modalidades de injerencia de EE.UU. en América Latina desde una caracterización del *lawfare* como arma bélica para la reconfiguración geopolítica, tratando de diferenciarla de la mera judicialización de la política. Ese elemento geopolítico con EE.UU. como actor principal en la sombra no se percibe, al menos no de manera directa, en el caso español y catalán, donde operan otras variables y donde el marco geopolítico tiene otras coordenadas por la pertenencia de España a la Unión Europea. Digamos que aquí la UE ya ejerce de camisa de fuerza para la contención política, es decir, para garantizar que cualquier fuerza de la izquierda que llegue al gobierno tenga unos márgenes de actuación bastante limitados, por decir lo menos, como demuestra dramáticamente el caso de Syriza en Grecia.

Sin embargo, creo que se puede hablar de *lawfare* para el caso español porque la persecución judicial y mediática a varios cargos de Unidas Podemos, al propio partido de Podemos inventando financiaciones bolivarianas con difusión de pruebas falsas de manera coordinada en programas de máxima audiencia, o la arremetida judicial, política y mediática contra las posiciones del independentismo catalán, negando su legitimidad, exceden la mera judicialización de la política. Nos encontramos ahora mismo en España en un terreno peligroso: una justicia politizada, con un sesgo ideológico conservador y de clase muy marcado, está usando la ley como herramienta de disciplinamiento político, de la mano de unos medios parcializados, sean privados o incluso públicos, lo cual es todavía más grave, que establecen cuál es la agenda política y dónde están los límites posibles de la acción política legítima. Esta se encuentra siempre circunscrita en un espectro que va del centro-izquierda hacia una derecha que, por el contrario, no tiene límites para expandirse hacia su derecha, ni cuestionamientos contundentes en estos mismos medios sobre su ultraderechización. De hecho, estos medios marginan a ideas de izquierda más rupturistas mientras están dando cabida de manera desproporcionada a voces mediáticas que permiten normalizar el marco de análisis de la ultraderecha. El resultado es que legitiman unas ideas excluyentes volviéndolas parte de un sentido común que no se corresponde con la sensibilidad mayoritaria de los ciudadanos españoles pero que, por el eco mediático que reciben, refuerzan las posiciones neofascistas, al menos en el debate público, con cierta traslación en lo electoral también.

Creo que esta ofensiva mediático-judicial es muy grave, en efecto, y pone en evidencia las trampas de los pilares discursivos en que se sostienen las democracias liberales, mostrando algunas de sus limitaciones. Por ejemplo, en cuanto al respeto que debiera existir ante la voluntad soberana de quienes optan por opciones de transformación económica y ampliación democrática en regímenes que no aceptan, en el fondo, el cuestionamiento de sus fundamentos económicos y políticos. No es un problema exclusivo de España pero hace falta explicar cómo opera aquí. Creo que ese libro que propones no tardará porque el *lawfare* forma parte inevitable del debate político actual. Me consta que en la academia ya hay gente trabajando en el *lawfare* español y hace meses se publicó un libro sobre el *lawfare* catalán. Es muy importante que se incorporen más perspectivas al análisis, también desde el ámbito jurídico y no sólo periodístico, sea denunciando el *lawfare* como ataque a los propios pilares de la democracia liberal, sea analizándolo como parte de un tradicional uso de la ley como expresión de un poder de clase inherente a las democracias liberales. Facilita que la sociedad tome conciencia de cómo opera el poder a la hora de evitar cualquier cambio sustantivo y ayuda a tomar conciencia colectiva sobre la necesidad de construir alternativas, sin olvidar que el *lawfare* es una más de las estrategias del poder, pero no la única.

Te lanzo ahora un cuestionario rápido. Yo lanzo una voz para un posible diccionario sobre el *lawfare* y tú haces la descripción de la voz.

Lula: Un caso paradigmático de cómo se ha usado la persecución judicial para la reconfiguración geopolítica. Su absolución en varias de las causas y el archivo de otras demuestran el carácter totalmente instrumental de las acusaciones en su contra.

Jeanine Áñez: una golpista que se presenta como víctima de un *lawfare* inexistente. El colmo del cinismo.

Rafael Correa: un presidente condenado al exilio por culpa del *lawfare* que ha tenido en su sucesor a uno de sus principales verdugos. Su mayor delito parece haber sido señalar la falta de democracia mediática y el monopolio existente en los medios de comunicación.

Juan Guaidó: el títere del fracaso más estrepitoso del golpismo estadounidense en América Latina.

Kast: el pinochetismo del siglo XXI, muestra viva de las conexiones entre el fascismo histórico y la ultraderecha actual, heredera de la tradición golpista latinoamericana.

Fernández Díaz: el cerebro del Informe Pisa contra Podemos, entre otros, símbolo de esas familias «bien» que siguen creyendo que el Estado es suyo y que pueden operar a su antojo usando las instituciones para la perpetuación de su poder económico y político.

Ana Rosa Quintana: la operadora mediática al servicio de los poderes fácticos españoles, necesaria para la difusión masiva del argumentario de la ultraderecha entre amas de casa y jubilados en horario matutino.

Inda: la pantalla pseudo periodística de las cloacas del Estado español en su versión humana más infame. Ariete principal en la estrategia de neutralización y aniquilamiento de Podemos vía *fake news*.

Villarejo: la cabeza visible de la policía política, el fontanero de las cloacas del Estado que dejó de ser útil para ser incómodo. Ejemplo de las continuidades entre la dictadura franquista y el régimen del 78 y de la labor de inteligencia presente en el *lawfare*.

CTXT, 2/01/2022

«Las campañas de desinformación en redes están coordinadas con medios y políticos de Vox, PP y C's»

Julián Macías / Experto en RRSS

Julian Macías no estudió la carrera de Periodismo, pero se ha convertido en un referente del periodismo en España y también en América Latina. Sus hilos en Twitter han aplicado con tesón la máxima de Lester Freamon, aquel policía imaginado por David Simon que explicaba en *The Wire* que un verdadero investigador siempre debe seguir el rastro del dinero. El trabajo de investigación sobre los bulos y las *fake news* que Macías hace en *Pandemia Digital* ha sido elogiado públicamente por Jordi Évole y algunos de sus análisis han sido citados por organismos internacionales como la Comisión Interamericana de Derechos Humanos de la OEA. Macías informa desde hace tiempo en su propio canal de Twitch; se va a incorporar a *La Base* con su propia sección: «Dato mata relato». En esta entrevista nos cuenta cómo empezó todo y señala los desafíos que plantean los nuevos algoritmos en las redes sociales más utilizadas.

¿Quién es Julian Macías Tovar y qué es *Pandemia Digital*?

Julián Macías fue un niño extremeño de pueblo que creció en el campo y la mayor parte del tiempo en su infancia lo dedicó a leer enciclopedias y jugar al *ping pong* y al ajedrez. En mi adolescencia y juventud el deporte y las tecnologías fueron mi principal pasión. Ya de joven empecé a hacer un blog y luego me especialicé en redes sociales cuando fueron apareciendo. Cuando terminé la carrera (Ciencias de la Actividad Física y el Deporte en la Universidad de Extremadura) me dieron una beca para estudiar en Tucumán, Argentina, justo en los meses previos al corralito. Aquella experiencia me hizo explotar la cabeza y ver el mundo diferente para siempre. Al volver de Argentina me saqué una plaza de funcionario en un ayuntamiento y cuando nació Podemos me involucré bastante, especialmente en el campo de las redes sociales. Desde hace unos tres años me dedico al análisis de redes, en especial de las campañas coordinadas de desinformación, que tan habituales son actualmente. *Pandemia Digital* nació precisamente cuando ya hacía este tipo de análisis y en plena explosión de la pandemia del coronavirus, en marzo de 2020. Fui de los primeros contagiados, y en estado febril se me ocurrió que la pandemia digital de *fake news* que sufrimos, y que se acentúo con las restricciones de movilidad, tenía muchas similitudes con la pandemia del coronavirus. Así nació *Pandemia Digital.*

¿Cuál fue el punto de inflexión para que llegaras a la conclusión de que había que poner en marcha una herramienta periodística así?

El punto de inflexión fue el análisis que hice sobre el golpe de Estado en Bolivia. Fue tan sorprendente lo que encontré con la creación de más de 100.000 cuentas falsas en tan solo una semana, así como cuentas controladas por veteranos del ejército de los Estados Unidos lanzando hasta 70 tuits por segundo, que desde ese momento se convirtió en mi pasión y me especialicé en el análisis digital. *Pandemia Digital* nació con una web y un canal de Telegram; allí publicaba mis análisis y explicaba las herramientas de análisis forense digital que uso y que acompaño de artículos de análisis, documentos y vídeos para entender los diferentes contextos.

Tu trabajo como periodista que investiga el origen de los bulos y destapa las redes de ultraderecha que están detrás te ha hecho muy conocido en España. El mismo Jordi Évole te elogiaba el otro día desde *La Vanguardia*. Pero, como decías cuando me hablabas del golpe en Bolivia, has trabajado mucho en América Latina. ¿Qué has aprendido de tus investigaciones allí?

Para mí es un honor que uno de mis referentes periodísticos, como es Évole, me felicite por mi trabajo. De hecho diría que gran parte de la comunidad de *Pandemia* que usa mis contenidos son periodistas. Ojo, tanto de izquierdas como de derechas y me enorgullece que compañeros con más experiencia que yo respeten y valoren tanto mi trabajo. Por contra, buena parte de los medios en los que trabajan mis seguidores periodistas no me respetan tanto porque suelo ser bastante críticos con ellos. De hecho, en España apenas se ha recogido mi trabajo por parte de los principales medios de comunicación. Solo he salido una vez en la televisión, y fue en la pública vasca, la ETB. Sin embargo en América Latina sí que me han invitado decenas de veces a programas de televisión o actos en universidades muy importantes como la UNAM de México, la UBA de Argentina, o la Universidad de Asunción.

La principal enseñanza de mis investigaciones allí es que las democracias son tremendamente vulnerables a la infodemia y que existe una tremenda impunidad al respecto. Para que te hagas una idea, la empresa que estaba detrás de la creación de cuentas falsas para apoyar el golpe en Bolivia era CLS Strategies (EE.UU.). Al mando de estas acciones estaba nada menos que Mark Feierstein, antiguo funcionario de la OEA, que también participó en el golpe Asesor Principal con un informe sobre el supuesto fraude en las elecciones que se demostró falso. Feierstein fue asesor de la USAID, la agencia estadounidense para el desarrollo internacional. Y lo más grave es que después de haber sido cazado dirigiendo estas campañas de desinformación contra gobiernos progresistas de América Latina, ha sido nombrado por Biden como «Principal Advisor» [Asesor Principal] de USAID para América Latina.

Siempre mencionas en tus hilos a un grupo conocido como El Yunque. ¿Quiénes son?

El Yunque es una secta ultracatólica que nace en los años sesenta en México y que desde el principio define como sus enemigos a masones, judíos y comunistas. Esta organización llegó a España en los ochenta de la mano de Ruiz Mateos. En mi opinión, Ruiz Mateos se acercó a esta gente tras tener varios conflictos con el Opus Dei, al que pertenecía. En España han ganado mucho peso y tienen un papel notable en la creación de Vox y en el acompañamiento de acciones propagandísticas de mentiras, odio y acoso. Para ello usan plataformas como Hazte Oír y organizan acciones como el acoso recibido por tu familia durante meses. Una revelación de *WikiLeaks* de más de 17.000 documentos sobre Hazte Oír y CitizenGo detallaba cómo grandes fortunas y empresas como OHL financiaban estas organizaciones.

La Comisión Interamericana de Derechos Humanos de la OEA citó en un informe tu investigación sobre el golpe de Estado en Bolivia. No hay muchos periodistas cuyas investigaciones sean citadas en informes oficiales de organizaciones internacionales.

Tras los análisis que hice sobre el golpe de Estado en Bolivia y tras demostrar que se habían creado decenas de miles de cuentas falsas y automatizadas que trabajan coordinados con importantes medios en América Latina, la CIDH se puso en contacto conmigo para pedirme las bases de datos de mis investigaciones. Se las entregué a la funcionaria de la CIDH que me contactó y, tras comprobar que eran reales, adjuntaron la información a su informe sobre lo sucedido en Bolivia durante el golpe.

Vamos a España. ¿Quiénes son los reyes del bulo en nuestro país?

Hoy hay un espacio mediático, mucho más sólido que los partidos políticos, que agrupa a todos los ultras que organizan las campañas de bulos y *fake news* y que siguen los aprendizajes de Roger Ailes y Steve Bannon. Este espacio antes era residual y se concentraba en *Intereconomía* y *Libertad Digital*. Sin embargo, cuando Podemos irrumpió en España y el movimiento independentista creció en Catalunya, la ultraderecha mediática se puso las pilas. Fue el momento de la creación de *OkDiario*, que junto a *Periodista Digital* y *Libertad Digital* apoyaron primero a Ciudadanos y Albert Rivera y acompañaron a decenas de *trolstars* que articularon las primeras campañas de desinformación organizada con mentiras y bots. Pero el gran salto de esta estrategia se produjo cuando grandes empresas empezaron a apostar por Vox. En aquel momento, Rafael Bardají, antiguo responsable de relaciones internacionales de la FAES de Aznar, entró en la ejecutiva de Vox. A partir de entonces los jefes ultras empezaron a tener reuniones con Steve Bannon. Los creadores de la red ultra Atlas Network en América Latina empezaron a trabajar con Vox. El método siempre es el mismo: bulos, odio y bots, muchos bots. No es fácil para la mayoría de la gente ver que estas campañas de desinformación suelen estar sincronizadas y coordinadas con diarios de *fake news* como *OkDiario*, con políticos de Vox y también con las cuentas de figuras de ultras de otros partidos como Toni Cantó, Girauta, Rosa Díez o la propia presidenta Ayuso. Podemos decir, por lo tanto, que las campañas de desinformación en redes están coordinadas con medios de comunicación y con políticos de Vox, PP y C's.

El bulo contra Garzón se volvió contra sus autores, contra los medios que lo dieron por bueno y también contra el propio Pedro Sánchez, que lo quiso aprovechar para debilitar al ministro y a la izquierda de su gobierno. Pero, ¿qué pasó esta vez?

Que medios *mainstream* como la SER o algunas tertulias de televisión hablen del ridículo de los ataques a Garzón se debe a la presión de los activistas y referentes de la izquierda que defendieron la verdad con contundencia a través de intervenciones en medios (como tú mismo en la SER), en medios alternativos y en las propias redes. Poco a poco dejó de hablarse de un ataque a la ganadería y empezó a hablarse de macrogranjas, que era el término que la campaña contra Garzón quería ocultar. Un dato brutal es que el 80% de las menciones a la palabra macrogranja en Twitter en los últimos 10 años se han producido durante las dos últimas semanas. Si pretendían ocultar el debate sobre las macrogranjas, les salió fatal.

A tus hilos en Twitter y tus artículos en *Público*, unes ahora un canal en Twitch que está teniendo mucho éxito. ¿Qué posibilidades ves en las redes para reequilibrar la correlación mediática de fuerzas?

Es una lucha a priori muy difícil de dar, pero creo que de poco vale quejarse y cruzarse de brazos. Por mi parte, trato de dar la batalla contra la desinformación con todo mi esfuerzo y con toda la honestidad posible. La ventaja de la derecha mediática en teles, radios y prensa escrita es total. Solo algunos medios digitales independientes dan la batalla. El problema además es que el espacio digital está alterándose por los cambios de algoritmos de las principales plataformas como Facebook, Twitter y Youtube. Por eso decidí lanzarme a Twitch, porque aunque es minoritaria para este tipo de contenido al menos carece de algoritmo y está más orientada a generar comunidad.

CTXT, 29/01/2022

Parte 3

Algunas reflexiones básicas

El verdadero periodismo es intencional

«El verdadero periodismo es intencional... Se fija un objetivo y se intenta provocar algún tipo de cambio. El deber de un periodista es informar, informar de manera que ayude a la humanidad y no fomentando el odio o la arrogancia. La noticia debe servir para aumentar el conocimiento del otro, el respeto del otro. Las guerras siempre empiezan mucho antes de que se oiga el primer disparo, comienza con un cambio del vocabulario en los medios».

La reflexión no es mía, es de Kapuściński, maestro de buenos periodistas. Kapuściński siempre se sintió orgulloso de sus intenciones; fue militante comunista durante casi treinta años. Nosotros somos novatos y tenemos mucho que aprender, pero en tiempos de bulos, *fake news* y mentiras, nos proponemos ser radicales con la verdad y con los hechos, estudiar cuáles son las intenciones de los medios, preguntarnos también quiénes son los propietarios de lo que lees, oyes y ves. Sabemos que quien hace el relato tiene poder, y quien tiene poder es siempre, siempre, un actor político.

El periodismo vive una época oscura. La mentira no es solo un instrumento de las derechas políticas sino también una estrategia de las derechas mediáticas. La Fox inauguró la era mediática en la que el trabajo de buena parte del periodismo de derechas ya no es solo la interpretación conservadora o reaccionaria de los hechos. En la época Fox, en la época post Trump, en la época de tabloides, ruido y sensacionalismo, la estrategia es, simplemente, mentir, mentir y mentir...

La mentira es un arma ideológica muy poderosa. «El presidente copió su tesis doctoral», «Irene Montero multiplicó por cien su patrimonio», «Alberto Garzón está contra la ganadería y contra España», «Zapatero tiene minas de oro en Venezuela», «Si la OTAN ataca a Rusia será para defender los derechos humanos en Ucrania»...

Que *OkDiario* sea el tabloide con más tertulianos en las televisiones, que se normalicen las portadas mentirosas de *El Mundo*, *La Razón* o *ABC*, nos habla de una realidad mediática tóxica. El problema no es que sean de derechas; eso es perfectamente legítimo. El problema es que mienten.

31/01/22

Cordón democrático en los medios

Ultraderecha es Vox, pero ultraderecha también es Carlos Herrera escupiendo basura cada mañana desde la radio de los obispos. Ultraderecha es Vox, pero ultraderecha son también los jusapoles defendiendo la

Ley Mordaza y rodeando el Congreso. Ultraderecha es Vox, pero ultraderecha son también la legión de tertulianos de *OkDiario* en todas las televisiones. Ultraderecha es Vox, pero ultraderecha son también todas las grandes empresas que financian el golpismo en las redes sociales. Ultraderecha es Vox, pero ultraderecha también es José Luis Concepción, alias «Conchito», juez y presidente del Tribunal Superior de Justicia de Castilla y León, diciendo que un gobierno con ministros comunistas es un gobierno ilegítimo. Ultraderecha es Vox, pero Ferreras sienta a María Claver en su tertulia y a Marhuenda y a Inda en *La Sexta noche*. Ultraderecha es Vox, pero Securitas Direct te dice que te pongas una alarma para que no te ocupen la casa. Ultraderecha es Vox pero Vicente Vallés cada noche milita en su telediario con manipulaciones y argumentario ultra.

¿A quién hay que hacerle el cordón democrático? Algunos periodistas de izquierdas que siempre dicen a los partidos de izquierdas lo que deberían hacer, hoy hablan del movimiento táctico de Sánchez ofreciendo al PP el cordón sanitario. Unos dicen que está bien, otros que llega tarde, pero ninguno quiere hablar de la necesidad de un cordón democrático mediático. Quizá estos compañeros periodistas deberían preguntarse lo siguiente: ¿legitimar a Ferreras o a Risto Mejide no es quizá una forma de legitimar la normalización de los discursos de la ultraderecha?

Ojo, yo no lo tengo claro, solo hago la pregunta. En 2013 y 2014 yo me sentaba en las teles a debatir con cualquiera. A lo mejor también hoy hay que sentarse frente a Inda y Marhuenda o frente a Celia Villalobos y, entre ruidos y mentiras, hacer que la gente escuche algo de izquierdas.

O a lo mejor en la actualidad el cordón democrático hay que hacérselo a los hipócritas que abrieron de par en par las puertas de sus medios a los corruptos, a los ultras y a los mentirosos profesionales. ¿Puede haber cordón democrático político sin que haya cordón democrático mediático?

16/02/2022

Trumpismo mediático

La ultraderecha trumpista no solo es un peligro. Es el mayor peligro para la democracia. Y es evidente que esa ultraderecha no solamente es Vox, también es lo que representa Ayuso. Pero, ojo, pensar que la ultraderecha es un fenómeno que tiene que ver sólo con los partidos, es desconocer lo que significó y significa el fenómeno Donald Trump, que va mucho más allá de Trump. La ultraderecha como fenómeno cultural e ideológico, la ultraderecha como trituradora política y máquina de matar democracias es, ante todo, un fenómeno mediático.

Por eso creo que se equivocan las izquierdas que aún creen en el mito de una derecha democrática con la que se podría construir una suerte de cordón sanitario frente a los nuevos trumpismos. La historia de Europa revela que siempre fueron las derechas las que allanaron el terreno para la llegada de los fascismos al poder. Un famoso periodista de *El Mundo* lo dijo en *ARV:* «Prefiero un ministro corrupto antes que un ministro comunista». Al decirlo reconocía que, frente a lo que ellos llaman comunistas, el crimen es aceptable. Eso es la derecha española: la justificación y la práctica del crimen cuando ve su poder en cuestión.

Ni Casado ni Feijóo son ultras de corazón, pero sí piezas en engranajes corruptos. Las fotos del gallego sin camiseta con un narco son un indicador inequívoco de cómo funciona el poder en Galicia. Pero tanto ellos como todo el PP saben que la ultraderecha mediática ya ha colonizado ideológicamente sus bases. ¿Ustedes creen que un patético Pedro J. disfrazado un ratito de demócrata puede competir hoy con Losantos o con Herrera? Para competir con la ultraderecha el PP solo tiene una vía: parecerse aún más ella.

Y frente a eso a la izquierda no nos van a servir ni los cordones sanitarios, por muy buenas intenciones que tengan, ni los estilos propios de una época en la que el sentido común (no somos mercancías en manos de políticos y banqueros) era progresista. Estamos en otra época en la que los sentidos comunes han sido esculpidos con tesón por la derecha mediática.

Creo que la izquierda y los demócratas en general necesitamos una dieta saludable pero rica en calorías ideológicas. Ser antifascista hoy significa asumir que para defender la democracia y la justicia social, una de las batallas políticas más importantes es la cultural. Digámoslo tan claro como lo decían los Panteras Negras: si juegan a ser nazis, no vamos a ser sus judíos.

21/02/2022

¿Censurar medios prorrusos?

La primera víctima de una guerra es la verdad. La frase se le atribuye a un congresista estadounidense a principios del siglo pasado. Si hoy tuviéramos que afinar, añadiríamos que, efectivamente, la verdad es una víctima de las guerras, y que también lo es la calidad de la información.

La UE ha anunciado que van a censurar a los medios prorrusos *RT* y *Sputnik*. Es evidente que se trata de medios absolutamente favorables al gobierno ruso porque son medios del gobierno ruso, pero no parece muy presentable tomar a los ciudadanos europeos por imbéciles y decidir por ellos qué pueden o no pueden ver.

Al mismo tiempo, en esos medios trabajan periodistas de muchos países que afirman trabajar en libertad del mismo modo que los periodistas de buena parte de los medios aseguran trabajar en libertad. ¿Trabajan en libertad los periodistas de la Fox, de CNN, de la COPE o de 13TV? Todos sin excepción dirán en público que sí y buena parte de ellos sin duda estarán de acuerdo con la línea editorial de sus medios.

Hay quien dice que no se puede comparar a medios de propaganda rusa como RT con el periodismo de gran calidad democrática como el de Ana Rosa o Griso. Y lo dicen en serio. Y hay quien dice también que contra un gobierno que amenaza con armas nucleares se justifica la censura.

Hay quien responde que cuando era Estados Unidos quien bombardeaba otros países a nadie se le ocurrió censurar a los medios proestadounidenses y también quien recuerda que Estados Unidos hizo del hotel Palestina, en Bagdad (donde se alojaban los periodistas), un objetivo militar. Que se lo digan a José Couso que se dejó allí la vida informando para Telecinco cuando un tanque de Estados Unidos disparó al hotel.

La desinformación, los bulos y la mentira se combaten con rigor y con datos, no con censura o tomando a la gente por imbécil.

28/02/202

¿Por qué la tele no habla de los vínculos de Putin con Vox?

La Eurocámara ha hecho público un informe que demuestra la financiación rusa a los partidos de la ultraderecha europea. El informe, votado favorablemente por el comité especial del Parlamento europeo tras dieciocho meses de trabajo, con la participación de más de ciento treinta expertos, señala a varios partidos de ultraderecha como receptores de fondos de origen ruso.

¿Llegó dinero ruso a España? Pues parece que sí. El oligarca ruso sancionado Konstantin Malofeyev, que apoya abiertamente a Putin, habría financiado a Hazte Oír, uno de los más importantes grupos de apoyo a Vox. Los conozco bien porque eran los que montaban las concentraciones a la puerta de mi casa. Álvaro Arsuaga, el tesorero de Hazte Oír, reconoce que el dinero que recibe su grupo puede servir para apoyar a Vox y dice —cito literalmente—: «Estamos totalmente alineados» con Vox.

¿Cómo puede ser que esto haya pasado desapercibido por los medios? No solo sabemos que un grupo armado iraní que estuvo en la lista de organizaciones terroristas de Estados Unidos, el Consejo Nacional de la Resistencia de Irán, pagó el sueldo de Abascal y otros dirigentes de Vox. Ahora sabemos que Vox estaría vinculado, a través de Hazte Oír, con oligarcas afines a Putin que financian a la ultraderecha. ¿Cómo es posible que de esto no se hable en la tele? ¿Cómo es posible que la justicia no esté investigando estos vínculos de Vox y sus grupos de apoyo? Estamos hablando de un partido al que el PP va a meter en el gobierno de Castilla y León y, si pueden, también en el gobierno de España.

01/02/2022

Doctrina del shock

Tratar de entender una guerra cuando se está produciendo es una praxis teórica de riesgo. Hay quien dice, incluso desde cierta intelectualidad de izquierdas, a propósito del debate sobre la guerra y el envío de armas, que apelar a la ética de la responsabilidad es poco menos que la excusa cobarde de los malvados. Ética de la convicción si algo te importa, ética de la responsabilidad si algo te suda. Joder con los intelectuales de izquierdas.

Mide tus palabras, niñata, mente infantil de Bob Esponja, izquierdista nostálgica. Esto no tiene nada que ver con la OTAN. Repite conmigo: «Condeno a Putin, condeno a Putin, cierro filas con el presidente y cállate de una puta vez. Deja de decir que las teles mienten, estás faltando el respeto a los periodistas. Vete a vivir a Rusia. Ya estás otra vez con que si Aznar y Vox eran amigos de Putin; ese no es el tema. Si vinieran a tu casa a matarte ¿No querrías un arma para poder defenderte? ¿No puedes callarte, verdad? Di la verdad, a ti lo que te jode es que el malo no sea Estados Unidos. Qué geopolítica ni qué energía, ¿no ves que el problema es un puto loco? Un loco, Putin es un loco, como Hitler, como Stalin, como Sadam, como Gadafi... putos locos... Qué mierdas vienes contando de la diplomacia. El pacifismo es muy cómodo pero no sirve para nada. No me vengas con que el batallón Azov son nazis, a quién le importa que sean nazis, cualquiera es bienvenido para defender su patria. No empieces con lo de los refugiados de primera y de segunda. ¿No será que el racista eres tú y te molesta que los ucranianos sean rubios de ojos azules...?».

La guerra lo derechiza todo y simplifica las cosas. Estamos en guerra y en guerra no está permitido pensar más allá de la lógica amigo/enemigo. La guerra siempre opera como un shock que la derecha siempre aprovecha para avanzar posiciones ideológicas y suspender derechos.

Hay quien se suma con entusiasta convicción al coro de cuñados que repiten eslóganes, se dan la razón entre ellos y golpean a quien sigue viendo al rey desnudo.

Y hay quien sale a la pelea ideológica con el orgullo del que duda y se hace preguntas a sabiendas de que, al menos al principio, navegará contra el viento. Pero recordad, compañeros, solo los peces muertos siguen la corriente.

17/03/2022

Abrir la ventana

Si unos dicen que llueve y otros dicen que no llueve, el trabajo del periodismo no es contarte lo que dicen los unos y lo que dicen los otros, sino abrir la maldita ventana y ver qué pasa. De Bucha llegan imágenes que revuelven las tripas. Las autoridades de Ucrania acusan a las tropas rusas de las ejecuciones y las autoridades de Rusia dicen que todo es un montaje.

¿Qué deberíamos hacer nosotros? ¿Contarte lo que dice cada uno o abrir la ventana? Es evidente que debemos abrir la ventana. ¿Qué significa abrir la ventana desde Madrid? Pues básicamente recopilar los testimonios de los periodistas que han estado allí, han visto los cadáveres, los han podido fotografiar y han hablado con los vecinos de Bucha. Lo hemos hecho y lo que dicen es inequívoco. Todos dicen que se trata de crímenes de guerra de las tropas rusas.

Y ahora la reflexión. El negacionismo se compone de distintos materiales; quizá uno de los más importantes es la normalización de la mentira en muchos medios de comunicación. Cuando la mentira y los bulos se normalizan e incluso se reivindican como legítimos, como con la teoría de los hechos alternativos de la Fox, se favorece que haya cada vez más gente que se vea incapaz de distinguir la verdad de la mentira y desconfíe de todo. No es algo nuevo, Esopo ya reflexionaba sobre ello en la fábula «El pastor mentiroso». Seguro que conocen el cuento: «Que viene el lobo, que viene el lobo...». La moraleja de la fábula es que nadie cree a un mentiroso, ni siquiera cuando dice la verdad.

05/04/2022

La ultraderecha no es un partido

La ultraderecha no es un partido. La ultraderecha no es solo Vox. Vox es solo un partido dentro de un movimiento ideológico reaccionario muy amplio y muy poderoso. La ultraderecha está presente en el poder económico, en el poder mediático, en la judicatura, en el ejército, la policía y la guardia civil, entre los altos funcionarios y también tiene un peso notable en algunos sectores populares. La ultraderecha es el resultado de una reacción, de una suerte de contrarrevolución que expresa el miedo y el odio de sectores del poder frente a Podemos, el independentismo catalán y el feminismo.

Si entendemos que la ultraderecha es un movimiento cultural e ideológico podemos captar cómo está penetrando las bases culturales de todo el mundo conservador. Frente a eso no hay cordón sanitario que valga. Cuando la derecha abandona las reglas de la democracia liberal porque ha visto llegar al Estado a sus enemigos, pedirles por favor que dejen de ser ultras no suele ser muy eficaz.

En el PSOE creo que siguen convencidos de que el miedo a Vox les garantiza presentar a Pedro Sánchez como ganador moderado de las próximas elecciones, y la progresía mediática nos dice que Feijóo es un centrista.

A mi entender, a la ultraderecha no se le combate con cordones sanitarios ni solo con políticas sociales. Si la ultraderecha es un movimiento ideológico hay que combatirla con ideología.

13/04/2022

Florentino Ferreras

Les voy a contar una historia de Florentino Pérez y de Antonio García Ferreras. Es una historia que no se conoce mucho. Ocurrió hace más de veinte años, cuando Florentino consiguió la recalificación de la ciudad deportiva del Real Madrid, un pelotazo urbanístico que hoy puede verse con los rascacielos que forman el *skyline* de Madrid. Atentos a esta historia. Sirve para entender cómo se relaciona el poder económico con la progresía mediática y con la izquierda política. Abróchense los cinturones que esto que les voy a contar casi nadie se atreve a decirlo en la tele.

Hace un año me encontré una noticia firmada por el periodista Carlos Prieto en *El Confidencial* que recordaba cómo Florentino logró uno de los grandes milagros empresariales españoles: conseguir el consenso de todos los partidos del Ayuntamiento de Madrid para empujar una operación inmobiliaria impresentable.

Bueno, pues Florentino los tenía a todos, incluso a los de Izquierda Unida, donde mandaba un exprosoviético guitarrista al que hoy nadie recuerda: Ángel Pérez. ¿He dicho que los tenía a todos? No. La portavoz del PSOE en el Ayuntamiento de Madrid, Matilde Fernández, decía a Florentino que nones. Ole por doña Matilde Fernández.

Bueno, el caso es que el periodista Carlos Prieto entrevista en *El Confidencial* a Matilde Fernández y le pregunta: «¿Cómo fueron sus tres reuniones con el presidente del Real Madrid? ¿Qué Florentino Pérez se encontró?». Y Matilde Fernández responde: «Florentino Pérez intentó primero que empatizara con él; típica maniobra de un empresario para acercarte a sus posiciones y acabar votando a su favor. Pero tras mis resistencias iniciales, en la segunda reunión ya vino diciendo: 'He convencido a todos menos a ti'. Y en la tercera se puso agresivo: 'A ti ya no te apoyan ni los tuyos'. Había pasado de la amabilidad a la agresividad».

Sigue la entrevista y de pronto el periodista pregunta a Matilde Fernández: «¿Recibió usted presiones del partido?». Y Matilde Fernández responde: «Florentino agitó a todos los forofos socialistas del Real Madrid, pero no recibí presiones del partido. Alguna ironía sí dejaron caer compañeros como Rubalcaba y Lissavetzky, que eran grandes forofos del Madrid, y bromeaban sobre mi oposición a los planes de Florentino. Pero no me presionaron. Sí recibí presiones de otras ramas del poder de Florentino...».

«¿Cuáles?», pregunta el periodista, y Matilde Fernández responde: «El director de informativos de la SER me negó la posibilidad de explicarme. Ese señor que lleva hoy *Al Rojo Vivo*...». «¿Ferreras?», pregunta el periodista. «Ese», dice la exconcejal. «Ese que luego pasó a ser director de comunicación del Real Madrid. Cuando Juan Barranco y Alfonso Guerra pasaron por la SER, se quejaron: 'Estáis poniendo a parir a Matilde y no la dejáis defenderse'. Fui vetada. Confirmadísimo por altos cargos de la SER». Guau.

Y de pronto, el periodista ya no le pregunta nada más. Matilde Fernández contó en *El Confidencial* que Ferreras la vetó de la Cadena SER y que hizo que la radio que dirigía la pusiera a parir para favorecer el pelotazo de Florentino. ¿Y sabéis cuántos titulares produjo esta revelación de Matilde Fernández? Dos, en dos modestos digitales. Uno de aficionados del Barça, *Culemanía*, cuya cuenta de Twitter tiene cinco mil seguidores, y otro en *La Última Hora*, el digital que dirige Dina Bousselham. Está claro que en los medios españoles informar sobre Ferreras es aún más difícil que informar sobre Florentino. Cuánta dignidad, cuánto valor y cuánta hambre en la profesión. Menos mal que aquí hemos estudiado Políticas, Matemáticas y Filología.

Era aquella la época en la que los jefes de CC.OO. e IU tenían tarjetas *black*. Y ahora vengamos a la época actual. ¿Comprendéis ahora lo que significó el pelotazo de la operación Chamartín de Carmena y de su equipo? Podemos e IU se opusieron.

¿Comprendéis ahora por qué en el programa y la tele de Ferreras tratan tan bien a una determinada izquierda y tan mal a otra? Así funciona el poder económico, la progresía mediática y sus brazos políticos en la izquierda.

21/04/2022

El proyecto reaccionario

El diario *El País* publica el sondeo de la empresa demoscópica de Belén Barreiro, que dice que, si se celebrasen elecciones hoy, PP y Vox podrían formar un Gobierno de coalición. Planazo para el 2023.

Pero lo titulan, al loro, diciendo en la portada que el PP frena el auge de Vox. Y luego destacan en las páginas interiores que el PSOE y UP tienen grandes liderazgos. Es muy bueno tener grandes liderazgos, pero si al final se reparten el consejo de ministros entre el PP y Vox la democracia española, y con ella las diferentes izquierdas, se pueden acabar marchando al carajo. Perdonen la expresión.

¿O qué se creen? ¿Que con un gobierno de coalición PP-Vox empujado por la derecha mediática, por la derecha judicial, por la derecha policial y sus brigadas patrióticas y por nuestros ultrademocráticos servicios de inteligencia, el ya muy dañado Estado de derecho se iba a quedar igual? ¿Creen que no se ilegalizarían partidos independentistas y alguno más? ¿Creen que no habría persecuciones judiciales a ministros del derrotado gobierno socialcomunista? ¿Creen que no habría un asalto a las competencias autonómicas? ¿Creen que el oligopolio Atresmedia-Mediaset pondría alguna pega a todo esto? ¿No se imaginan movilizaciones en Barcelona y Bilbao y al nuevo ministro de Interior, facha sin matices, denunciando la inacción de los Mossos y la de Dina Bousselham y enviando a las UIP y a la Guardia Civil mientras los Jusapoles vuelven a entonar el «a por ellos»? Yo sí me lo imagino, y me imagino haciendo *La Base* en Iparralde bajo la protección del primer ministro francés Jean Luc Mélenchon, o en algún lugar de América Latina tomando mate. Y ustedes se preguntarán: ¿qué tiene todo esto que ver con Pegasus? Ahora se lo explico.

Resulta que ya sabemos que el CNI espió a una parte de los indepes de la lista de *The New Yorker* con autorización judicial. Dicen que eso es lo que va a contar la directora del CNI en el Congreso. Y nos tenemos que creer que al resto los espió la tía Tula. Bueno…

Resulta que ahora Moncloa y la progresía mediática nos dicen, y nos lo tenemos que creer, que el Pegasus se lo puso Marruecos a Sánchez y que esto se arregla cesando a la directora del CNI. Mientras, el entorno de Robles le cuenta a la prensa que Sánchez lo sabía hace un año.

Entre tanta confusión interesada, filtraciones y el PP y el PSOE uniendo sus fuerzas para impedir una comisión parlamentaria que investigue Pegasus, lo que algunos no quieren entender es que lo que hay detrás de todo esto es una ofensiva reaccionaria, desde los medios y desde el Estado, para tumbar al primer gobierno desde 1936 con una fuerza netamente de izquierdas en su interior, y que se apoya en fuerzas soberanistas vascas y catalanas. Y lo pueden terminar consiguiendo, incluso por la vía electoral.

¿Esto tiene arreglo? Sí. Aún estamos a tiempo de impedirlo, pero para eso hay que mirar a los problemas y a los adversarios a la cara asumiendo que la movilización, la batalla cultural y la acción decidida de gobierno, depuraciones incluidas, son los ingredientes ineludibles para defender la democracia.

04/05/2022

Periodismo de guerra

Hay varias formas de aproximarse a la guerra de Ucrania. Podríamos hacer lo que hacen buena parte de los medios y de los periodistas: propaganda. Podríamos también informar sobre la situación militar. Javier Galán y Luis Sevillano han hecho en *El País* lo que han llamado «Los mapas de la guerra en Ucrania hoy», donde analizan la invasión lenta pero constante de Rusia en el sudeste de Ucrania. Con un rigor notable en su análisis militar, estos periodistas analizan el cambio de estrategia militar del Kremlin desde el *Blitz* inicial y explican cómo, con bombardeos constantes, las fuerzas rusas están asentando posiciones y se están reabasteciendo para seguir presionando a unos defensores ucranianos que, con apoyo logístico y táctico de países de la OTAN, estarían demostrando más capacidad de resistencia de la esperada por Rusia. Respeto este tipo de periodismo de mapas y soldados, pero hoy creo que toca otra cosa.

Así que vamos con uno de los grandes periodistas. Andy Robinson da prestigio a *La Vanguardia* con una pedazo de entrevista a la profesora estadounidense Mary Sarotte. La historiadora de la Universidad John Hopkins acaba de publicar *Not one inch* ('Ni una pulgada'), un libro en el que analiza cómo los Estados Unidos engañaron a Gorbachov prometiéndole que la OTAN no se expandiría hacia Rusia «ni una pulgada». Y de aquellos polvos, estos lodos.

Déjenme que les señale algunos momentos de la entrevista:

Robinson: «*¿Sabemos seguro que James Baker (el secretario de Estado de Bush padre) propuso frenar la ampliación de la OTAN en aquella reunión con Gorbachov?*».

Sarotter: «*Sí. Baker ofrece aquello de 'ni un solo centímetro'. Pero cuando vuelve a Washington, Bush le dice que no*».

Robinson: «*¿Por qué tuvieron que negociar esto con Gorbachov?*».

Sarotter: «*Legalmente, Alemania no podía ser reunificada sin el beneplácito de Rusia, que era integrante clave de la alianza ganadora de la guerra en 1945. Es más, había 400.000 soldados rusos en la ex República Democrática Alemana*».

Robinson: «*¿Por qué lo propuso Baker a Gorbachov si Bush no estaba de acuerdo?*».

Sarotter: «*Baker hacía caso a Hans-Dietrich Genscher, el ministro de Asuntos Exteriores alemán, que defendía un sistema de seguridad paneuropea sin la OTAN ni el Pacto de Varsovia. Es decir, que Gorbachov recibió la propuesta de no ampliación de Baker y los alemanes, también. Pero Bush tenía otra idea. Baker tuvo que mandar una carta secreta a los alemanes en la que dice: 'Olvídense de todo aquello de ni un centímetro más'. Gorbachov dijo después: 'He caído en una trampa'.*

Esto que hace Andy Robinson en *La Vanguardia* nos parece buen periodismo. ¿Saben por qué? Porque ayuda a entender esta guerra asquerosa y nos recuerda que, frente a los propagandistas y los mentirosos, frente a los que reivindican el veredicto de los campos de batalla, la diplomacia, la política y el respeto al derecho internacional son las únicas vías que deberían defender las personas decentes.

10/05/2022

El periódico 'El Mundo'

Cuando se supo que David Jiménez, exdirector de *El Mundo*, iba a publicar un libro sobre su experiencia como director, Lucía Méndez, la periodista más digna del hemisferio occidental, escribió en Twitter: «La abnegada redacción de *El Mundo* no se merece andar en cantares por aquí. Ni sus periodistas ser señalados en un libro de cotilleos de un exdirector que no citaré para no publicitarlo. El respeto a los compañeros es lo primero. Lo primero».

Parecía algo molesta Lucía Méndez por el hecho de que se publicara un libro sobre el periódico que le paga el sueldo.

David Jiménez, periodista con una dilatada experiencia internacional, poco sospechoso además de simpatías con la izquierda, contestó lo siguiente: «Que haya periodistas poniendo en duda que publique *El Director* prueba lo necesario que es el libro. Se dice en un pasaje: 'A los periodistas nos gusta contar una buena historia, pero no la nuestra'. ¿Por qué lo he escrito?, me preguntan. Ahí va: el periodismo español está necesitado de una regeneración urgente. Por supuesto no todo: hay gente magnífica en el oficio. Pero nos hemos dejado contaminar por los defectos que denunciamos de la política. No tendremos legitimidad ante la gente hasta que limpiemos nuestra casa. *El Director* muestra cómo el poder ha doblegado y corrompido a los medios. También a periodistas. A la gente le ha sorprendido que ponga nombres y apellidos. Dicen que es valiente. Valiente es hacer periodismo en Tijuana, el Tíbet o Alepo».

Se pueden imaginar lo que opino yo del diario buque insignia del amarillismo reaccionario en España. Pero lo importante no es lo que opine yo. Lo importante es tener bien presente que los medios son los actores ideológicos más importantes en las sociedades contemporáneas. Conocer a sus propietarios, sus prácticas, su *modus operandi*, desvelar sus mentiras y manipulaciones, es una necesidad democrática de primer orden.

23/05/2022

Negre

Todo el mundo vio lo que ocurrió ayer en la sala de prensa del Congreso de los Diputados. Dos sabandijas sin escrúpulos y con carnet de periodista, Josué Cárdenas y Javier Negre, trataron de molestar a la portavoz de EH Bildu Mertxe Aizpurua con preguntas impertinentes, acusatorias y difamatorias.

Con notable elegancia y saber estar, la portavoz abertzale explicó que no tiene por costumbre contestar las preguntas de la ultraderecha mediática, lo que le valió un «¡qué hija de puta!» por parte de una de las citadas sabandijas.

Nuestra sabandija además negó la mayor y llegó a decir que le habían editado el vídeo y que él no había insultado a nadie. Este último elemento no es menor; los escuadristas de la ultraderecha mediática ni siquiera tratan de identificarse con los rancios valores del honor y la nobleza viril. Mienten hasta el ridículo y si alguna vez les regalaran una galleta Cuétara, ni siquiera tratarían de devolverla con hombría, pelo en pecho, cojones españoles y heroísmo ibérico como el jamón. Por el contrario, se irían llorando a una comisaría y subirán fotos vendados como el hombre invisible.

Les admito más respeto por escuadristas más clásicos como Francisco de Paula Méndez-Monasterio, asesor de Abascal, o por Ricardo Sáenz de Ynestrillas. Estos, al menos, estuvieron dispuestos a repartir hostias consagradas, aunque fuera en proporción de veinte contra tres, o a disparar a un camello que no quería venderle cocaína a don Ricardo. Hasta para patear a un estudiante en el suelo o para disparar a quemarropa a un camello que no pone a disposición tu granito de gloria o a un diputado de HB, hace falta algo de arrojo. Por el contrario, las sabandijas que hoy nos ocupan, lo único que disparan es bilis mezclada con sarro y nacionalcatolicismo con olor a cerrado y a sobaco. Y por eso, para hacer política, se sacaron el carnet de prensa.

Pero el problema es qué hacer frente al escuadrismo mediático de la ultraderecha. Gerardo Tecé, desde las páginas de *CTXT*, se lamentaba de que al malogrado Zarzalejos no le haga caso nadie, mientras que a Negre sí. Aunque Zarzalejos comparte con Negre la misma noción de virilidad hispánica que inmortalizó el timbre de voz de Francisco Franco (un tanto escasa para los estándares conservadores españoles), lo cierto es que es un periodista con estatura intelectual, mientras que Negre es un pobre analfabeto. Pero el problema no es ese.

Podemos estar todos los demócratas de acuerdo en que Negre es poco más que una sabandija y un analfabeto, pero precisamente por eso encarna el estilo político de la nueva derecha de nuestra época. Lamentarnos y soñar con una derecha mediática culta y democrática es caminar hacia la frustración e incluso hacia la cárcel o hacia el pelotón de fusilamiento. La deriva de la derecha no tiene vuelta atrás, amigos. Es entonces cuando hay que volver a recordar lo que dijeron los panteras negras: si juegan a ser nazis no vamos a ser sus judíos.

25/05/2022

Controlar las palabras

«La realidad está definida con palabras. Por lo tanto, el que controla las palabras controla la realidad». Esta idea obviamente no es mía. Es de Antonio Gramsci, pero un día me la voy a tatuar en la frente.

Seguramente todo el mundo en la izquierda diría que está de acuerdo con esta idea pero lo cierto es que, muchas veces, en la izquierda soñamos con que los cambios en las condiciones materiales de la gente tengan implicaciones evidentes en su pensamiento político y en su comportamiento electoral. Si la izquierda te sube el salario mínimo, si la izquierda crea un IMV al que puedes acceder, si la izquierda protege tu libertad sexual, si la izquierda amplía tus permisos de paternidad y maternidad, si la izquierda hace que tu contrato pase de temporal a indefinido, si la izquierda mantiene abierta tu empresa con un ERTE, si la izquierda consigue evitar con una ley que tu casero que suba el alquiler… Si la izquierda hace todo eso y más, la gente votará a la izquierda, ¿verdad? Pues no funciona así, amigos.

Hay quien cree que hacer política es controlar el BOE y que lo demás es solo relato. Controlar el BOE es necesario, pero aunque tengas el BOE, si no controlas el relato tu olor a cadáver político será cada vez más insoportable. Esto es así en todas partes, y precisamente por eso, en casi todas partes, los dueños de las grandes empresas, de los bancos y de los fondos buitre ponen mucho dinero en una industria en general no muy rentable: la de los medios de comunicación.

Hay quien dice que es por una vocación filantrópica que les hace amar la libertad de prensa y el trabajo de los periodistas como controladores de poder. Hay quien piensa, por el contrario, que la libertad de prensa es la libertad del dueño de la imprenta.

Por eso la izquierda, incluso cuando gobierna con éxito, puede perder el relato.

5/06/2022

El debate

Hay quien dice que la política de verdad es lo que sale en el BOE y que el resto es relato. Que son las leyes las que cambian de verdad la vida de la gente y que las palabras, al fin y al cabo, se las lleva el viento. Suena razonable e incluso de izquierdas pero, en realidad, es una noción de la política enormemente ingenua.

El dominio del relato y de la agenda es condición de posibilidad, tanto de tener un buen resultado electoral como de poder traducirlo después en leyes. Y es en esa pelea por el relato donde el estilo de la ultraderecha presenta una política descarnada, sin el más mínimo respeto por las normas democráticas, por el rigor o por la verdad.

¿Cómo debe contestarse a la ultraderecha cuando provoca y miente?

Está bien pararles los pies en un debate pero el problema real es otro. La violencia verbal de la ultraderecha no se sostiene por la agresividad de sus portavoces sino que la sostienen los que fabrican las escaletas de las tertulias y los telediarios. ¿Cómo no van a colonizar los ultras el debate público si las tertulias están llenas de tertulianos ultras y si buena parte de los medios normalizan cada día a la ultraderecha? Macarena Olona e Isabel Díaz Ayuso no son más que el resultado de la batalla ideológica que la ultraderecha va ganando porque cuenta con ingentes apoyos mediáticos y económicos en tanto que punta de lanza de la reacción.

La política no va de programas, va del dominio del relato y de la agenda.

7/06/2022

Antonio Caño

Se puede criticar a un periodista por muchas cosas, pero nunca por decir la verdad. En estos tiempos, además, que un periodista de derechas diga nada menos que la verdad es digno de admiración y de elogio. Así que bien por Antonio Caño, que en un tuit escribió que, cuando él era director de *El País*, el periódico más leído en España y quizá el medio español más influyente en América Latina y a nivel internacional, usaron el periódico para intentar evitar que el PSOE llegara a un acuerdo con Podemos y los independentistas porque eso, a juicio de Caño y del equipo que entonces mandaba en *El País*, era malo para España e incluso para la izquierda.

¿Saben qué les digo? Es absolutamente legítimo que *El País* tuviera esa línea político-editorial según la cual lo que le convenía a España era mantener a la izquierda lejos del Gobierno y que el PSOE buscara al PP o a Cs para evitar a toda costa a esa izquierda. Es legítimo que *El País* de Caño llamara a Podemos populista y a ERC y a Bildu separatistas. Es legítimo que *El País*, con Caño, Alandete y Torreblanca (los tres mosqueteros al servicio de su majestad) fuera un periódico abiertamente de derechas. Los periódicos, como las televisiones y las radios, no son máquinas angelicales sin ideología, no son asépticos vehículos que transportan hechos. Los periódicos y los medios en general son los principales poderes ideológicos y políticos en nuestras sociedades. Cualquier profesor de periodismo o de opinión pública lo sabe.

El problema no es que los periódicos y las televisiones tengan ideología y traten de influir. El problema es que mientan y que manipulen. El problema es que estén en manos de fondos buitre, de bancos y de grandes empresas y que esa estructura de propiedad amordace a los periodistas que nunca podrán informar de manera crítica sobre los propietarios o sobre los grandes anunciantes de los que depende el medio que les paga el sueldo con el que viven. El problema es que en sociedades plurales haya un evidente predominio de la ultraderecha y la derecha mediáticas en todo lo que puedes ver, leer y oír. El problema son los oligopolios y los monopolios mediáticos y que a veces ni la izquierda se atreva a proponer leyes de medios que garanticen la pluralidad y que pueda haber medios comunitarios. El problema es que con

Caño y su tropa, hasta *El País*, el gran intelectual orgánico de la democracia española y referente de la progresía mediática, era un medio de derechas que trabajaba a favor de la derecha económica y de la derecha política.

El problema no es que Caño diga, por una vez, la verdad. El problema es que con él, un periódico como *El País*, se convirtió por momentos en un tabloide más como *El Mundo* o *La Razón*. Gracias a Caño *ElDiario.es* pudo ocupar un valioso espacio socialdemócrata y hasta el liberal *La Vanguardia* se convirtió en una referencia para gente progresista.

Pero estos logros de Caño en favor de *ElDiario.es* y *La Vanguardia* hacen evidente la abrumadora presencia de medios de derechas o de centro, y la escasez de medios de izquierdas. Y sin pluralidad mediática no hay democracia.

22/06/2022

Julian Assange

A Julian Assange le han destrozado la vida por hacer periodismo. Así de claro. A Julian Assange le han hecho *lawfare* por hacer periodismo. Así de claro. A Julian Assange le han encerrado por hacer periodismo. Así de claro. A Julian Assange le han dado un trato degradante en su encierro por hacer periodismo. Así de claro.

Presuntos periodistas han insultado a Julian Assange precisamente porque Assange sí hacía lo que ellos no hacen: periodismo incómodo para el poder. Hay presuntos periodistas que llaman activista a Julian Assange porque publicó lo que el poder no quería que se publicara. Van a intentar que Julian Assange muera en prisión porque hizo periodismo. Y con ello quieren mandar un mensaje a toda la profesión periodística: os queremos dóciles. No queremos que seáis perros guardianes sino perritos falderos. Así de claro.

Gracias a Julian Assange, *El País, Le Monde, Der Spiegel, The New York Times o The Guardian* pudieron ofrecer a sus lectores informaciones verificadas sobre abusos contra la población civil y crímenes en las guerras de Irak y Afganistán. Assange trabajó además revisando esas informaciones para evitar poner en peligro la vida de los informantes. De hecho, la fiscalía de Estados Unidos no ha sido capaz de presentar ni un solo caso concreto en el que la vida de algún norteamericano o de colaboradores de otra nacionalidad haya estado en riesgo por las informaciones de Wikileaks publicadas por los periódicos citados.

Los argumentos que se han esgrimido para encerrar a Assange son una patraña. Así de claro.

29/06/2022

¿Periodistas respetables?

Nuestro compañero Javier Gallego, director y presentador de *Carne Cruda*, uno de los pódcast de referencia para nosotros, ha escrito en Twitter lo siguiente: «Periodistas de Antena 3, Telecinco y Onda Cero manipulan unas declaraciones de Irene Montero para que parezca que no quiere responder a la prensa. Les pillan. Al día siguiente, la derecha se lanza contra Montero por su viaje oficial a la Casa Blanca y la ONU. ¿Casualidad? No lo creo».

La violencia mediática permanente contra Irene Montero, como todos los fenómenos de violencia y acoso político, tiene sus causas y explicaciones. Conocer y entender esas causas obviamente no implica justificar el acoso, pero para poder combatir un fenómeno hay que conocerlo bien. Para combatir la manipulación mediática debemos analizar los hechos con rigor y apoyándonos siempre en datos verificados, para contribuir a ofrecer informaciones de calidad que favorezcan la educación mediática.

No citaba el tuit de Javier Gallego por casualidad. Javier es un periodista con muchos años de experiencia a sus espaldas y pienso que quizá, hace diez años, hubiera considerado a esos periodistas de Antena 3 (Susanna Griso) Telecinco (Joaquín Prats) y Onda Cero (Carlos Alsina) respetables compañeros de profesión, a pesar de las legítimas diferencias ideológicas que pudiera tener con ellos. Creo que eso hoy ha cambiado.

La violencia mediática tiene un efecto positivo; desnuda las verdades. Después de lo que hemos visto en las últimas horas, ningún profesional del periodismo con un mínimo de decencia podría considerar a los Prat, a los Alsina, a los Griso, como periodistas respetables.

Es imposible hacerlo sin degradarse hasta la náusea. Y los tres manipuladores citados lo saben perfectamente. Una cosa es ser un cínico sin escrúpulos y otra cosa es que todo el mundo pueda comprobar que lo eres.

Es verdad que los cínicos con sueldazo viven mejor que los cínicos que no llegan a fin de mes, pero a la basura le suele gustar perfumarse para disimular su olor. Sin embargo, esta vez el hedor de la manipulación y la mentira no se ha podido tapar.

06/07/2022

Los audios de Villarejo y Cospedal

Villarejo: «Tengo un tema de la hostia contra Podemos».
Cospedal: «Es una bomba. Yo eso sí lo quiero».

Así titula *El País* la información que da hoy en exclusiva con los audios en los que el comisario Villarejo conversa con María Dolores de Cospedal en 2017, cuando esta última era nada menos que ministra de Defensa.

La noticia continúa así: «Interior, bajo mandato del PP, atacó en los tribunales a Pablo Iglesias y a su partido con pruebas falsas; los jueces han archivado todas las causas impulsadas por la policía patriótica».

Creo que el párrafo más interesante de la pieza periodística es el siguiente: «Aquel no fue un caso aislado. Desde su nacimiento en 2014, Podemos y sus principales líderes han sido objeto de una campaña de difamación política y judicial orquestada desde las cloacas del Estado del Ministerio del Interior durante el mandato del Gobierno de Mariano Rajoy. Esta estrategia de desprestigio ha contado con la participación de determinados medios de comunicación que difundieron información falsa facilitada por la policía patriótica sobre el partido morado».

Aquí tenemos la clave. No solo se trata de comisarios de policía corruptos y mafiosos, no solo se trata de ministros de Defensa y de Interior del PP corruptos y mafiosos, no solo se trata de jueces al servicio de una campaña de persecución contra una formación política y sus dirigentes. Se trata también de medios de comunicación y de periodistas que se han prestado a mentir, a manipular y a difamar.

Decir que los Terradillos, los Inda, los Marhuenda, los Griso, los Quintana, los Alsina, los Ferreras, los Herrera, los Vallés… han contribuido a la guerra sucia contra Podemos, difundiendo mentiras, informes y noticias falsas, no es señalar a periodistas como decía ayer mi admirada Esther Palomera desde la televisión pública. Es simplemente, amiga Esther, decir la verdad, aunque esa verdad deje a buena parte de la profesión periodística española a la altura del betún. Pero de esto no tengo yo la culpa.

Lo que ha hecho hoy *El País* publicando los audios es muy importante y hay que felicitarles, aunque quizá podrían haber contado antes lo que sabían y no esperar al mes de julio. Y también que hay que felicitar a Ángels

Barceló, que esta mañana decía en la SER que el problema de las cloacas es también un problema mediático. Pero lo que ha hecho PRISA hoy, igual que cuando defendieron a Assange, es una excepción. Ni Terradillos, ni Inda, ni Marhuenda, ni Griso, ni Quintana, ni Alsina, ni Ferreras, ni Herrera, ni Vallés serán jamás juzgados por mentir y dañar a la democracia española. Tampoco rectificarán en sus programas y puede que la Casa Real les siga dando premios, precisamente por sus servicios prestados a la Corona y a la corrupción en general.

Sin embargo, hay algo bueno de todo esto. Cada vez más gente sabe la verdad. Cada vez más gente sabe que en este país los poderes mediáticos conspiraron y conspiran junto a jueces, policías y miembros del ejecutivo para exterminar a Podemos. Esos mismos poderes trabajan hoy para hacer caer a un Gobierno en el que al PSOE no le ha quedado más remedio que tener a Podemos en su gabinete y llegar a acuerdos con las izquierdas independentistas vasca y catalana.

Ojalá el PSOE, ojalá los periodistas que trabajan con decencia, ojalá la izquierda que no ha recibido los ataques que han recibido Podemos y los independentistas, entiendan que de lo que hablamos no es de ataques a partidos o a dirigentes concretos, sino de ataques a la democracia. Ojalá entiendan que el poder mediático no paga a traidores y que no dudarán en despedazarlos si logran finalmente acabar con Podemos y con los independentistas.

07/07/2022

Silencios

Todos habéis escuchado a Ferreras, en una conversación entre colegas, reconocerle al comisario Villarejo que publicó una noticia falsa de Inda que decía que yo tenía una cuenta en Granadinas en la que me ingresaba dinero Nicolás Maduro, sabiendo que era una información falsa. En los audios escuchamos también a Ferreras decir que Inda es su hermano y que admira mucho al comisario Villarejo. En fin, todo muy edificante...

El escándalo ha sido tal que ha ocurrido algo poco frecuente en España: a partir de la publicación de Patricia López en el digital *Crónica Libre*, grandes medios se han tenido que hacer eco del asunto. Además de los medios catalanes y vascos, *El País* y la Cadena SER se han hecho eco de unos audios que completan su información del jueves sobre la conversación entre Villarejo y Cospedal conspirando contra nosotros.

El escándalo es tal que hasta cuatro jefes de Estado de América Latina, los presidentes de México, Colombia, Argentina y Chile han denunciado la operación mediática de Ferreras contra Podemos, así como lo ha hecho el jefe de la oposición francesa, Jean-Luc Mélenchon. Los cinco líderes de izquierdas han vivido en sus propias carnes operaciones mediáticas mafiosas como estas. Al mismo tiempo, decenas de periodistas muy relevantes, en general muy reacios a criticar a compañeros de profesión, han sido enormemente duros con Ferreras y le han señalado como una vergüenza para la profesión.

La pregunta entonces es: ¿por qué hay silencios tan clamorosos? ¿Por qué figuras políticas de la izquierda española y también notables periodistas progresistas (digo progresistas y de izquierdas porque de la derecha poco cabe esperar ya) guardan silencio? En la respuesta a esta pregunta está la clave del problema con Ferreras.

Más allá de algún caso, no creo que los que guardan silencio lo hagan porque consideren que los hechos del *Ferrerasgate* no merezcan su reproche ético, político y profesional. Callan porque tienen miedo de Ferreras o porque necesitan a Ferreras. Muchos periodistas, algunos de ellos buenos periodistas, piensan que necesitan salir en la televisión de Ferreras para que su trabajo tenga relevancia. Otros saben que, sin lo que les supone económicamente la participación en sus tertulias, tendrían dificultades a fin de mes. Respecto a los que están en nómina de La Sexta, soy consciente de que no se les puede pedir heroicidades. Quien tiene que pagar una hipoteca o llegar a fin de mes no suele poder permitirse criticar al jefe. Pero hay periodistas que sí se pueden permitir dar la cara y creo que deben hacerlo. No para solidarizarse conmigo o con Podemos, sino para defender la dignidad de su profesión.

Lo de los políticos es casi peor. ¿Cómo es posible que muchos dirigentes políticos de izquierda no hayan dicho esta boca es mía? Conozco la respuesta y les entiendo. Piensan que sin un trato favorable de La Sexta, que depende de Ferreras, sus expectativas electorales se verían claramente comprometidas. Les entiendo y es verdad que, en política, hay que buscar buenas relaciones con mucha gente. Creo que piensan además que no diciendo determinadas cosas, como ha hecho siempre Podemos, se librarán de las iras del poder mediático. Perdonen que sea sincero pero en ese análisis hay menos sofisticación de la que parece.

No les voy a pedir que alcen la voz solo por sentido ético, sino también por sentido político. Si no denunciamos y nos enfrentamos todos juntos a la manipulación y a la mentira de la mafia mediática, cualquiera de nosotros estará a merced de esa mafia en cualquier momento. Dad la cara compañeros. Es necesario para cambiar las cosas en este país.

11/07/2022

Hemos matado a Monedero

Ferreras le dice a Villarejo en los audios que se han conocido hoy lo siguiente: «El problema es hacerlo bien. Nosotros somos los que matamos a Monedero. Cuando nosotros le damos una hostia a ellos (a Podemos) ellos sufren de cojones».

Ferreras explica a Mauricio Casals, el presidente de *La Razón* y directivo de Atresmedia, que es muy importante que *La Razón* no parezca un periódico del PP y que muy bien eso de entrevistar a Pablo Iglesias porque, dice Ferreras, cuando llega el combate importante, tú tienes más fuerza: «El día que pillen a Podemos, el que nosotros demos la noticia es demoledor».

Ferreras en este audio no solo vuelve a demostrar que es un mafioso. Hace algo más importante. Reconoce que La Sexta es una televisión para gente de izquierdas dirigida por mafiosos de derechas. Si *La Razón* entrevista a Pablo Iglesias, se legitima para machacarlo después. Si La Sexta parece una televisión de izquierdas, se legitima para machacar después a la izquierda. Esta vez no te lo decimos nosotros, te lo está diciendo el propio Ferreras.

¿Y ahora qué?

Me quiero dirigir desde aquí al jefe de Atresmedia, a José Creuheras. Tengo algo que decirte.

Eres un hombre de empresa y creo que sabes, igual que yo, que ni Ferreras ni Pastor te sirven ya para gran cosa. Para tener un mínimo de credibilidad, la tele «de izquierdas» difícilmente podrá cumplir sus objetivos teniendo a dos juguetes rotos que un día se hicieron pasar por periodistas honestos y progresistas. Yo conozco a gente en muchas partes y en estas horas muchos profesionales de La Sexta están pasando vergüenza… y lo cuentan. Los colaboradores de izquierdas de *ARV* lo están pasando muy mal y eso de que el problema es solo Inda, no se lo creen ni ellos.

Te soy sincero, Creuheras. Para los que trabajamos en proyectos comunicativos alternativos, que mantengas a Ferreras y a Pastor es la mejor noticia. Es la prueba viva de que La Sexta es una estafa de principio a fin. Pero sospecho que, como yo, sabes que con dos juguetes rotos, el circo ya no funciona.

12/07/2022

Grupo Planeta

El editorial de *CTXT* a propósito del *Ferrerasgate*, dio una de las claves fundamentales para entender su significado político. El editorial lleva un título esclarecedor: «Medios golpistas», y en él se explica que la conversación en la que participaron Antonio García Ferreras, director de La Sexta, y Mauricio Casals, presidente de *La Razón* y directivo de Atresmedia, muestra al Grupo Planeta como una corporación de medios deshonesta, paragolpista y antidemocrática, porque trató de subvertir la voluntad popular expresada en las urnas utilizando informes falsos a sabiendas, usando la mentira y la patraña como armas de desinformación masiva.

No es un asunto menor que los jefes de Estado de México, Argentina, Colombia, Chile y Bolivia, países en los que el grupo Planeta tiene enormes intereses económicos, hayan denunciado públicamente la operación mafiosa de Ferreras y Casals con altos mandos policiales corruptos. Los cinco presidentes de izquierdas han sido víctimas de operaciones similares y, desde luego, la imagen del grupo Planeta queda gravemente dañada a los ojos de los mandatarios progresistas.

De hecho, no es descartable que Planeta trate de lavar su imagen en América Latina y anteponga sus intereses empresariales en la región, al mantenimiento de dos alfiles que han quedado severamente quemados, como para poder seguir siendo útiles a la empresa.

«Hemos matado a Monedero». «Le fabricamos una cuenta a Pablo Iglesias con el rabo». «Dale una hostia a Pedro Sánchez». «Cuando nosotros le damos una hostia a Podemos ellos sufren de cojones». Así suena la gramática parda del hampa mediática. Pero como cantaban los Estopa: la suerte a veces cambia de banda.

Más allá de la suerte procesal y empresarial que les espere a los hampones mediáticos, el *Ferrerasgate* revela las claves del golpismo moderno. Un nuevo golpismo que conocen bien en América Latina y del que el asesor de Trump, John Bolton, no para de hablar últimamente. Y sí, la política española se ha latinoamericanizado pero no por Podemos o la izquierda, sino porque la derecha mediática y política española es hoy un peligroso híbrido nacido del franquismo y del Country Club de Caracas.

14/07/2022

PARTE 4

Pablo Iglesias:
«Los golpes de Estado del siglo XXI son básicamente mediáticos»

Vanesa Jiménez

Pablo Iglesias aparece al otro lado de la pantalla a la una de la tarde del 1 de agosto de 2022. Acude puntual a la cita para esta charla, pese a la urgencia de la convocatoria. El calendario impuesto por la imprenta es férreo, así que acordamos que esta entrevista se realizará por Zoom y durante una hora, el tiempo que le dejan libre sus tres hijos, aún pequeños.

Iglesias ha sido el político, quizá el personaje público más atacado por los medios de este país. Y Podemos, la formación que cofundó en 2014, y que apenas dos años después conseguía 69 diputados en el Congreso, la más hostigada. Hoy sabemos que la campaña de acoso contra él y su formación no vino solo de la derecha mediática, sino también de las cloacas periodísticas.

¿Recuerda la primera vez que fue a una televisión de ámbito estatal?

Sí. Fue en *La Noria*, con un presentador muy famoso, Jordi... No recuerdo el nombre. [Se refiere a Jordi González]. Era un programa de farándula, que eventualmente tenía debates políticos. Me llamaron cuando se produjo una ocupación de la capilla por parte de mujeres feministas en la Complutense, que generó una gran polémica. Hubo un manifiesto de profesores apoyándolas y yo estaba en eso. Ya entonces hacíamos *La Tuerka*, y me llamó un productor de *La Noria*. Me dijo que si quería ir allí a defender la posición de las estudiantes. Me preguntó cuál era mi caché y yo le dije que no sabía muy bien a qué se refería. Me comentó que eran un programa muy pobre: «Te podemos ofrecer como máximo mil euros». Mil euros es una pasta que no he cobrado jamás por ir a una tele. Era otra época y con esos mil euros compramos la mesa del plató de *La Tuerka* y un montón de cosas. Pero no nos vino muy bien, no fue muy bien. Estaba con Enric Sopena y discutíamos contra un cura y otras personas. Era un formato particularmente farandulero y yo no tenía entrenamiento. Me había preparado el debate e hice una primera intervención que no quedó mal. Pero después, en el guirigay que se montó, no me sentía muy cómodo y no fue bien. Y no me volvieron a llamar hasta años después. Entonces me llamaron una noche para ir a *El Gato al Agua*, un programa de Intereconomía en el que estaba Federico Jiménez Losantos. Este sí que funcionó, y por lo visto debió tener mucha audiencia. Nosotros distribuimos el vídeo por YouTube y tuvo muchísimas reproducciones. Creo que más de medio millón o un millón, una bestialidad. Y a partir de ahí sí me empezaron a llamar de muchas teles, entre ellas el programa de Jesús Cintora en Cuatro y *La Sexta Noche.* Así empezó aquello.

Desde la primavera de 2013 hasta la de 2014, cuando lanzamos Podemos, seguí apareciendo en algunos programas, aunque no dejaban que en ellos me presentara como candidato. Me seguían llevando como analista, aunque yo trataba de hablar sobre nuestra candidatura para las elecciones europeas. Cuando fui elegido eurodiputado nunca más volví a ser analista. A partir de ahí yo no comentaba, me hacían las preguntas a mí.

¿Cómo fue su acercamiento a los medios de comunicación?

La Tuerka era un experimento en el que partíamos de la base de que los actos académicos de intervención política tenían formatos poco atractivos y que no funcionaban bien, y que los formatos de la comunicación televisiva eran fundamentales. En *La Tuerka* empezamos a experimentar con eso y nos fue bien. Era un programa muy *underground*, de tele de barrio, pero yo creo que lográbamos una audiencia y un eco mucho mayor que el que habíamos tenido hasta entonces con actos académicos. Ya tenía claro entonces que la televisión y la radio, pero sobre todo la televisión, es el dispositivo de socialización política más importante de nuestras sociedades. Nuestra sociedad es un medio. La gente, la mayor parte de la gente, incluso la que se cree más culta y con más formación, y que aparentemente adopta una posición cínica y de distancia de bibliófilos con respecto a la tele, en buena medida configura sus opiniones políticas y sus comportamientos electorales a partir de la agenda mediática y de la jerarquización de temas que organizan las teles. Las teles son fundamentales, hasta el punto de que las redes sociales que han ido ganando espacio dialogan permanentemente con las televisiones y las radios.

Yo era plenamente consciente de eso y de que aquello tenía que ser un espacio de intervención crucial en el contexto de lo que había representado el 15M. Había una estructura ideológica en la sociedad asociada al desgaste de las élites políticas y económicas que hacía todavía más eficaz un discurso como el mío. Creo que las teles me veían simplemente como un tipo que daba mucha audiencia. ¿Por qué? «Porque no hay muchos que digan lo que él dice, engancha con mucha gente». Ninguno se imaginaba que fuera a formar un partido político y que ese partido político llegaría muy lejos. Los que tenían más experiencia política opinaban que a este chico lo ficharía Izquierda Unida como candidato a alguna cosa. Yo no habría tenido mucho problema con eso. Hubiera sido un proceso de experimentación interesante. Pero Izquierda Unida no quiso. Los dirigentes de entonces no querían, y yo creo que eso también nos empujó a lanzar una iniciativa como Podemos. Lo que pasó después ya es conocido.

Y ahora, tantos años después, sobre todo a raíz de los audios en los que se muestra cómo se difundió una información falsa sobre usted, ¿qué piensa cuando, quizá como argumento exculpatorio, se dice que sin La Sexta no hubiera existido Podemos?

¡Si no hubiera existido la televisión no hubiera existido Podemos! A La Sexta se le atribuye mucha importancia. Yo creo que hubo dos programas fundamentales: *Las Mañanas de Cuatro*, con Jesús Cintora, y *La Sexta Noche*, que era un programa en *prime time* muy importante. Nunca estuve como analista en *Al Rojo Vivo* de Ferreras. Creo que es imposible que haya un actor político que no aparezca en televisión, un actor político que pueda tener relevancia a nivel electoral. Es verdad que en ecosistemas políticos propios de la plurinacionalidad, en el subsistema vasco y el catalán, puedes existir si sales en los medios de comunicación de allí, aunque no aparezcas en los estatales. Pero para existir como espacio político estatal es condición de posibilidad salir en la tele. En este sentido, ¿existiría Podemos si no existiera la televisión? ¡Pues claro que no! En ese contexto, creo que a mí me sacaban básicamente porque daba audiencia, y de hecho no me dejaban prácticamente hablar de Podemos. En La Sexta organizaron un debate con todos los partidos que llamaban pequeñitos o emergentes, y ahí sí tuvimos una ocasión de intervenir representando a nuestra formación política. Pero hasta ese momento, yo estaba ahí única y exclusivamente porque les daba audiencia. Importaban el PP y el PSOE, todo lo demás les daba un poco igual.

Ya entonces denunciaba la situación de la prensa, las injerencias de los poderes económicos y la falta de independencia. Usted hablaba de la derecha mediática. ¿Era entonces consciente de las cloacas mediáticas? ¿Tienen ideología las cloacas mediáticas o son bipartidistas?

Ni de lejos como ahora. En estos años he perdido mucho tiempo de lecturas. Este último año he estado investigando en la UOC y me he dado cuenta de que he pasado siete años sin estudiar textos académicos y sin tener el nivel de estudio y de lectura que tenía antes como profesor. Pero he adquirido una experiencia que probablemente sea imposible adquirir fuera de la práctica política. Esa experiencia es una experiencia de gobierno, de ser secretario de un partido, de ser parlamentario, de estar en Europa, pero es fundamentalmente una experiencia de relación con los medios de comunicación. He tomado conciencia de hasta qué punto existe la cloaca. Claro que tiene ideología y es facilísimo de entender. En este país existe una derecha que no es eminentemente política. La derecha política son los partidos. Existe una derecha del poder en grandes grupos empresariales, en grandes poderes económicos, que penetra en diferentes sectores del Estado, el poder judicial, las Fuerzas y Cuerpos de Seguridad del Estado, el ejército y, por supuesto, los medios. Los medios de comunicación pueden ser propiedad de bancos, de fondos de inversión, de multinacionales, de empresas del IBEX. Pensar que esos medios van a cumplir una función diferente a la defensa de los intereses de sus propietarios es de una ingenuidad increíble. Hay muchos periodistas que dicen que esto no es así, que les dejan hacer lo que les dé la gana, y que el banco que es propietario en realidad es amante de la libertad de expresión y de la libertad de prensa. Y que lo que en realidad hacen es poner su dinero para que los periodistas puedan ejercer libremente su profesión. Yo creo que esto no se sostiene. Otra cosa es que pueda haber muchos periodistas que coincidan con el pensamiento político de los propietarios de sus medios, una manera muy sana de vivir y de ejercer la profesión. Así no tienes que plantearte contradicciones de ningún tipo. Pero es evidente que la derecha se organiza en lo económico, en lo mediático y en amplios sectores del Estado. En estos años he comprobado que los fenómenos políticos que de alguna manera hacen saltar por los aires el sistema de partidos del 78, que son por una parte el independentismo catalán y por otra Podemos, provocan una respuesta reaccionaria que sin duda tiene expresiones políticas como Ciudadanos y como Vox, pero que provoca también un alineamiento de los poderes mediáticos de una manera mucho más inequívoca. Es el caso de Vicente Vallés, pero también el de [Antonio García] Ferreras, que es un personaje más sutil porque se presenta a sí mismo como progresista y amigo de progresistas y dirige una cadena, digamos, orientada a una audiencia progresista y en la que trabajan profesionales progresistas, pero con propietarios de derechas. En sus conversaciones con Villarejo creo que era fascinante cómo explicaba el mecanismo: precisamente nosotros hacemos daño a Podemos porque, como somos una tele de izquierdas, cuando nosotros les damos una hostia, les duele de cojones. No es lo mismo que lo diga la derecha mediática.

Creo que en estos años se ha vivido la radicalización de los poderes mediáticos en un nuevo anticomunismo, sin comunistas clásicos, justificando la utilización de medios ilegales y renunciando a todos los principios deontológicos del periodismo para combatir a un adversario político. Esta es una realidad difícil de cuestionar, es cada vez más evidente. Y si algo bueno ha tenido la publicación de estos audios es que ha servido para que ellos reconozcan lo que nosotros llevábamos diciendo mucho tiempo. Yo no pensaba que esto fuera tan radical y tan bestial antes de tener esta experiencia. Las cosas, desde la academia o desde cierto activismo y desde las lecturas se pueden comprender, digamos, desde un plano cenital muy distante. Cuando estás dentro ves cosas impresionantes, y yo he podido conocer a algunos de estos tipos. Yo he conocido a Ferreras, he conocido a [Mauricio] Casals, he conocido a [Francisco] Marhuenda, a Vicente Vallés, a Ana Rosa Quintana... Los he conocido, he hablado con ellos. Y he conocido cómo se ven las cosas desde dentro. Es de las cosas que me alegro. No volvería a hacer política institucional como la que hice, pero me alegro de haber aprendido la cantidad de cosas que he aprendido en estos siete años.

Esa radicalidad, esa respuesta radical de la que habla, me imagino que arranca a partir de diciembre de 2015, o por lo menos se agrava con las elecciones

generales. En 2016, Podemos obtiene 69 diputados. Hay que llegar a acuerdos y usted propone un gobierno en coalición PSOE-Podemos.

En realidad arranca de antes. ¿Por qué de pronto en España se empieza a hablar tanto de Venezuela? ¿Por qué todo el mundo sabe tanto de Venezuela en España y no tiene ni idea de Portugal o de otros países latinoamericanos? Lo único que justifica el interés mediático de Venezuela en España es básicamente hacer daño a Podemos. Y eso opera desde mayo de 2014. Claro que a todos nos preocupa la democracia en Venezuela, pero en Marruecos les da igual, en Colombia les da igual, en Arabia Saudí les da igual. Desde el principio actúan así. Lo que pasa es que, poco a poco, la cosa empieza a hacerse más sofisticada. Y esa sofisticación siempre tiene que ver con los sectores mediáticos. Es lo que en *La Base* llamamos progresía mediática. Un elemento tradicional de la progresía mediática española ha sido condicionar los procesos internos de los partidos de izquierdas. Eso ha sido un clásico en el Grupo PRISA. Eso también lo intentará hacer La Sexta, o la nueva progresía mediática propiedad de Planeta y Atresmedia, y eso operará prácticamente desde el inicio. Errejón es un ejemplo de ello. Cuando no lo tienen identificado como el bueno dentro de Podemos, le montan el escándalo de la Universidad de Málaga. Después, todo eso desaparece. Errejón aparece en una fotografía en una movilización en Venezuela con camisa roja. Imagínate que eso ocurre conmigo... Tiene que ver con una voluntad de intervención política que llega hasta la voluntad de intervención en las luchas internas de los partidos. Si a eso le sumamos toda la potencia de fuego de la derecha mediática, creo que es bastante evidente hasta qué punto condiciona la forma de pensar de la gente. Eso no quiere decir que uno no cometa errores, por supuesto que los cometo, como todo el mundo. Pero esa, digamos, insistencia de ciertos periodistas en presentarse como meros mensajeros... No mates al mensajero, solo contamos lo que pasa. Eso que durante mucho tiempo había quien se lo creía. Los actores mediáticos son los actores ideológicos y políticos más importantes, y hasta cierto punto es legítimo que así sea. Lo que no es legítimo es que eso sea un privilegio sólo de los ricos, que tener un periódico o una televisión o una radio sea algo que en España solamente puedan hacer los ricos. Si hablamos de la televisión pública, hablamos ya de niveles de putrefacción y de corrupción escandalosos. Y que la televisión pública también esté en manos de la derecha, basta ver buena parte de la programación, ya es el colmo.

¿Y siente que esa batalla suya está llegando a la gente, aparte de quienes siguen las redes sociales?

A mí me satisface que a pesar del daño que nos han hecho y que nos siguen haciendo y que nos seguirán haciendo, cada vez hay una conciencia social mayor de que el poder mediático es una de las grandes amenazas contra la democracia y los derechos de los ciudadanos. Sé que esto crea una enorme incomodidad en muchos profesionales del periodismo, a los que les gustaría que se estuviera hablando de otra cosa y que se sienten interpelados y enormemente incómodos. Por ejemplo, el silencio de buena parte de la profesión tras la exclusiva de Willy Veleta publicada en *CTXT*, cuando sorprendió a la fiscal general del Estado teniendo una reunión con Inda y con Cerdán. A mí me satisface que, a pesar de todo, eso se haya convertido en un tema de debate creciente en España. Sobre los audios de Ferreras y Villarejo reaccionaron cinco jefes de Estado de América Latina. Cinco. Cinco. Compartiendo el mensaje que yo puse en Twitter. Y también el líder de la oposición en Francia. Esto revela que estamos ante un tema de creciente centralidad política, que va a seguir creciendo.

OkDiario publica el bulo sobre la cuenta en las Granadinas días después de que se convocaran las elecciones generales de 2016. En ese momento, ¿qué piensa?

Bueno, ahí ya vamos teniendo cierta experiencia en la guerra sucia contra nosotros. El problema no era tanto que un tabloide de ultraderecha, que es basura, falsifique una factura con Photoshop. El problema es que Ferreras, y La Sexta, lo dan. En *La Base* lo hemos analizado: todas las veces que lo dan, lo dan con plena voluntad de hacerlo creíble, sabiendo que era falso. Eso es lo que ha inhabilitado a Ferreras para siempre. Podrá tener mucho dinero y salir en la tele, pero es un corrupto, es un periodista corrupto, y eso no tiene arreglo, y todos los que lo defienden se ven salpicados por eso. Ferreras es un tipo que da una información sabiendo que es falsa y burda. En realidad es uno de los responsables de la basura mediática que representa Inda y de que *OkDiario* sea el tabloide con más tertulianos presentes en las televisiones. Julián Macías ha contado muchas veces cómo surge *OkDiario*, quién lo financia, cuál es su función política. Pero la clave es el eco que tienen en grandes medios y en medios supuestamente progresistas, como La Sexta.

Además de esa factura, está lo de la niñera, está la financiación de Venezuela... Y ahora vuelven otra vez a por Monedero. Está la inhabilitación a Isa Serra por agredir a un policía. Cuando uno ve el juicio y las declaraciones en el juicio, es evidente que era inverosímil. Y lo de Alberto Rodríguez, todavía más escandaloso. Y dio exactamente igual. Bueno, si algo bueno tiene toda esta dinámica es que cada vez es más evidente para más gente el nivel de putrefacción de nuestro sistema político y de lo que es capaz el poder, que es básicamente renunciar a su propia legalidad y a sus propias normas para combatir a un adversario político como nosotros. Eso ha sido permanente. Y, ojo, no solamente por parte de la derecha mediática, también por parte de la progresía. A mí me dicen muchas veces, «pero bueno, tú te sientas en la tertulia de la SER», y yo no me canso de repetir que el informe PISA lo llevó [Ana] Terradillos. Y hemos dicho claramente que si la SER quiere terminar de limpiar su imagen, esa señora no debería trabajar allí porque ella llevó el informe PISA.

El hecho de que haya mucha gente que sepa que una noticia es mentira no va a hacer que se detenga esa dinámica de propaganda y de normalización de la mentira como arma mediática. Buena parte de los periodistas de la derecha son perfectamente conscientes de que mienten, perfectamente conscientes. Y les parece que hay que combatir a los comunistas, que es lo que nos consideran. Es legítimo mentir, igual que en determinadas coyunturas dirán que es legítimo matar para combatir determinadas cosas. Algunos lo reconocen públicamente. Jorge Bustos, de *El Mundo,* reconoció en el programa de Ferreras que prefiere tener un ministro corrupto que un ministro comunista. Lo que hay detrás de eso es que la corrupción y el crimen son justificables para detener a determinada gente. En el momento en el que te convierten en enemigo de España, si eres el enemigo de España, ¿se puede mentir para atacarte? Y, en determinadas circunstancias, si se les garantiza la impunidad, ¿por qué no pegarte un tiro? En los últimos doscientos años, cada vez que se han visto con impunidad para hacerlo, lo han hecho.

Hay un debate abierto sobre si opinadores y periodistas deben sentarse en la mesa de *Al Rojo Vivo* después de conocerse los audios de su director. ¿Qué opinión tiene al respecto?

Yo creo que hay que estar en la televisión y hay que aprovechar los espacios que se den. Pero en el caso de Ferreras, le han pillado. Si no lo hubieran pillado sería diferente. Si no lo hubieran pillado, bien podría decirse que no hay ninguna razón para pensar que Ferreras miente o que Ferreras da *fake news* a sabiendas de que lo son. Pero como le han pillado porque se fue a hablar con Villarejo, Villarejo grabó la conversación y todos hemos podido escucharla... Creo que Ferreras no debería volver a ejercer el periodismo jamás. Y en mi opinión, ¿quién se sienta con Ferreras? Todos sabemos lo que eso implica. Te sientas ahí porque Ferreras quiere. Y depende de Ferreras en última instancia que los 200 o 300, o 400, o 500 euros que te llevas por estar sentado un rato te ayuden a llegar a fin de mes, o no. Yo creo que después de lo que se ha sabido no tiene sentido estar ahí. Entiendo que pueda haber otras opiniones que sean respetables también. Estás legitimando a alguien que ha reconocido en una conversación que dio una noticia a sabiendas de que era burda, de que era falsa. A pocos días de unas elecciones.

Alrededor de la mesa de *Al Rojo Vivo* se sientan, entre muchos otros, Angélica Rubio (*El Plural*) y el citado Inda. En un reportaje publicado en 2021 por *CTXT* y *Público*, titulado «Ayuso se gana al Grupo Planeta con una universidad privada y un contrato a dedo de 14,5 millones», y firmado por Miguel Mora y Pilar G. Liberal, se contaba que *El Plural* comparte accionista de referencia con *OkDiario*, ElDorado Media Holding S.L. ¿Qué sugiere esta conexión?

Creo que es evidente quién es Angélica Rubio. Un alto cargo del Partido Socialista. Y creo que es evidente también que *El Plural* forma parte de la órbita de

[Mauricio] Casals, de ese mundo de medios que tienen medios para audiencias conservadoras y también para audiencias progresistas. Creo que es evidente el papel que juega *El Plural* ahí. Que sí, que la directora es del PSOE y trabajó en el gabinete de Zapatero, pero es evidente cuál es la lógica del medio y en qué órbita se mueve y cuáles son los marcos que defiende. En última instancia, la derecha es muy inteligente. La derecha no solamente tiene periódicos y teles de derechas, tienen también teles y periódicos para gente de izquierdas que en determinados momentos puedan hacer girar el marco. El audio de Ferreras se debería escuchar en todas las facultades de periodismo cuando dice que sus hostias nos duelen «de cojones» porque tienen prestigio entre nuestra comunidad de votantes, porque ellos son una tele de izquierdas. En La Sexta se han hecho cosas muy valiosas. Évole ha llegado muy lejos, más lejos que nadie en la cadena, y gentes como Évole y otros han dado una legitimidad a esa televisión que después permite al jefe, que es Ferreras, y a los propietarios, que son claramente la derecha económica y mediática, orientar esa televisión para sus objetivos políticos. ¡Pero si el poder se ve hasta el punto de que incluso el presidente del Gobierno ha tenido que hincar la rodilla ante Ferreras, el tipo que quiso reventarle en la interna del PSOE, apoyando clarísimamente a Susana Díaz! Ferreras es tan poderoso y tan importante… Más importante que cualquier ministro. Los presidentes pasan y los jefes de las televisiones y los dueños de los medios de comunicación continúan. Pero creo que Ferreras ha perdido muchísima legitimidad. La clave de que fuera útil es que pareciera de izquierdas. Era un tipo progre, es un tipo encantador. Yo le he tratado mucho y es majísimo en el trato. Creo que el hecho de que esta conversación con Villarejo saliera a la luz hace que ya no pueda cumplir la misma función que cumplió en el pasado. Pero estos tipos son los que mandan. Mandan de verdad, mucho más que cualquier ministro o que, incluso, un presidente del Gobierno que tarde o temprano deja de serlo y se queda con la pensión vitalicia.

¿Pero manda tanto Ferreras? El director de La Sexta afirma que tiene «una profunda amistad con Florentino Pérez» y también es buen amigo de José Luis Rodríguez Zapatero. ¿Conoce al presidente del Real Madrid? Creo que usted, como Ferreras, es amigo del expresidente. ¿Ha hablado alguna vez con él sobre las cloacas mediáticas?

Sí, he hablado con Zapatero de eso. Yo creo, por lo que conozco a José Luis, que es buena persona. No es idiota, es buena persona. Y tengo la impresión de que estos últimos acontecimientos le han podido incomodar porque la corrupción y la mentira no le gustan. Sobre su relación de amistad con Ferreras, pues yo qué sé. También Ferreras es hábil para llevarse bien con mucha gente, porque ya te digo que es un tipo muy majo. Pero el debate en torno a Florentino… La vez que nos conocimos Ferreras y yo, en un restaurante argentino al que me llevó a comer pizza, claro que se definía a sí mismo como hijo de Florentino. Entonces, ¿Ferreras depende de Florentino? Sí, es verdad. Pero Florentino no sería capaz de hacer lo que es capaz de hacer Ferreras. Es decir, que Florentino sea el dueño, que sea el que tiene la pasta, que sea el que puede utilizar la marca Real Madrid para potenciar todavía más sus negocios, sus inversiones, la propia marca Florentino... Eso no hace que deje de necesitar a tipos que son capaces de estar delante de la tele un montón de horas, de hablar con mucha gente, de tener a decenas de periodistas, de politólogos que te necesitan para acabar el mes. Porque, yo qué sé, si a lo mejor La Sexta te da 1.500 o 2.000 euros por ser un colaborador habitual. La diferencia entre tenerlos y no tenerlos no es cosa menor...

Si además tú tienes la única tertulia que se ve por la mañana, porque cuando va Cintora a competir contigo te las puedes arreglar para cortarle la cabeza, sea en Cuatro o en Televisión Española.... Tienes muchísimo poder. Tienes muchísimo poder frente a cualquier político. Tienes muchísimo poder frente a los creadores de opinión que dependen de ti para llegar a fin de mes. Lógicamente, muchos, ¿cómo no te van a tener miedo, cómo no vas a tener miedo después de oír estos audios de un tipo como Ferreras? Lo imprudente sería no tenerlo. Claro que tipos así son muy poderosos, y no hay más que ver que siempre permanecen, que flotan en las tempestades, siempre flotan. Tienen, además, sueldos mucho más altos que cualquier dirigente político. No sé cuánto cobra Ferreras, su sueldo no es público, pero pongamos que cobra medio millón de euros al año. El presidente del

Gobierno cobra 80.000 euros. ¿Quién tiene más poder? ¿Quién permanece? Es evidente que los políticos y los ministros no mandan tanto. ¿Quién manda más? ¿Florentino, Sánchez-Galán y otros grandes apellidos del IBEX o Sánchez? Creo que es evidente, ¿no?

Un día después de renunciar a su escaño, Pedro Sánchez denunció en _Salvados_ una operación de acoso y derribo contra él en la que habrían participado sectores de su propio partido y grandes actores mediáticos y económicos. Y acusó al diario _El País_ de actuar contra el acuerdo entre PSOE y Podemos (Antonio Caño, su entonces director, lo confirmó en un tuit hace poco). A pesar de todo, el Gobierno de coalición llegó tres años después. ¿Cómo vive un Gobierno en el que el presidente y vicepresidente han sufrido un acoso mediático tan brutal? ¿Lo hablaban entre ustedes?

Eso para mí era una esperanza en mi relación con Pedro. Yo respetaba mucho que él hubiera llegado adonde había llegado contra enemigos muy poderosos. Y durante algún tiempo albergué la esperanza de que precisamente haber sido objeto de esos ataques por parte de la progresía mediática, por parte del poder económico, le hiciera emanciparse de las lógicas tradicionales de su propio partido. O sea, que fuera un presidente y un líder del PSOE que rompiera para siempre con las tradiciones de poder de su propio partido. Pero ahí me equivoqué. A Pedro no le gustó lo que le hicieron, pero está en el PSOE como cualquiera, y llama al PSOE de siempre. Creo que a Pedro Sánchez congraciarse con Felipe González le haría mucha más ilusión que mandarle a la mierda, que es lo que yo pienso que debería hacer. Y a los hechos me remito. Sánchez ha vuelto a traer al PSOE que le quiso matar, ha vuelto a rodearse de ese PSOE, porque yo creo que además ideológicamente le gusta y se identifica con ese PSOE. Las circunstancias le hicieron ser el General de la Rovere en un contexto muy muy preciso, pero en realidad, ideológicamente, a él le gusta eso.

Le tocó jugar un papel, el de yo soy el que quiere gobernar contra Podemos, y esto le sirvió para ganar las primarias, pero creo que Pedro es una criatura del PSOE, y como tal hay que asumirlo a la hora de plantear las alianzas y la correlación de fuerzas. No tiene sentido desear que fuera otra cosa. Y con eso es con lo que hay que negociar y con lo que hay que llegar a acuerdos. Cuando Pedro Sánchez sale de ese Comité Federal y va a *Salvados* a decir la verdad, que es una cosa nada frecuente en política, no hace ningún análisis, simplemente cuenta la verdad, y contar la verdad en España es siempre subversivo.

¿Cómo ha vivido el reciente archivo del Caso Niñera?

Hay gente que dice que se ha hecho justicia. ¿Cómo que se ha hecho justicia? Esto es un escándalo. Esto no iba a ninguna parte jurídicamente, y han sido meses y meses y meses de desgaste a Irene Montero: ya podemos destrozarle la vida a una familia. No se ha hecho justicia.

Esto es una dinámica judicial-mediática, y como estas van a venir muchas más. Lo de las 96 cuentas bancarias de Juan Carlos Monedero... y un montón de teles con noventa y seis, noventa y seis, noventa y seis cuentas bancarias... y un montón de gente con el título de periodista expedido por una universidad diciendo noventa y seis, noventa y seis, noventa y seis, sabiendo que es mentira... Decir la verdad, simplemente decir la verdad sobre cómo funciona el poder, cómo funciona el poder mediático, cómo funcionan las redacciones, cómo funciona la autocensura en el mundo del periodismo... eso es tremendo. Por eso, que Pedro Sánchez fuera a *Salvados* y simplemente dijera la verdad.... No había un análisis brillante en eso, simplemente estaba diciendo la verdad. ¿Por decir la verdad es por lo que nos ha ido bien en *La Base* en estos meses? ¿Porque pisamos tantos callos? Nadie ha podido ni un solo día, y mira que nos miran con lupa, decir esta es una noticia falsa, esto está mal, esto no sé qué. Tratamos de ser muy rigurosos, pero la razón por la que funciona *La Base* es básicamente porque decimos verdades que antes no se podían decir. Incluso hay veces que incomodan a muchos compañeros, a muchos periodistas. Una periodista nos decía que la mayoría de los periodistas no son así. Y yo le decía: no estoy de acuerdo, creo que sois una minoría los que no sois así, y es normal que seáis una minoría, porque a esa minoría la machacan. Porque si eres como sois los de *CTXT*, como es Olga Rodríguez o como es determinada gente, tienes muchas dificultades para ejercer la profesión. Así que no me digas que la mayoría son otra cosa, porque no es verdad. La mayoría mira para otro lado, porque no les queda más remedio que mirar para otro lado para llegar a fin de mes. Y entonces, ¿cómo no va a ser incómodo lo que nosotros estamos diciendo?

En la actualidad dirige *La Base* e interviene y escribe en *Ara*, *Gara*, Rac 1, la Cadena SER y la revista *CTXT*. ¿Es peor el periodismo desde dentro?

Hay de todo. Las personas a las que más admiro son periodistas. Lo que pasa es que es verdad que hay una minoría de valientes, una minoría de gente que se atreve a jugárselo todo por una profesión sin la cual no podría haber democracia. Pero precisamente porque es tan importante, precisamente porque la labor del periodismo es tan crucial para definir el poder... Por eso los ricos se lo compran. Se gastan el dinero en una cosa que en general no es muy rentable económicamente porque es determinante para configurar cómo piensa la gente. Y yo lo he conocido desde una posición privilegiada, que es ser El Lute, como dice Miguel Mora. Ser uno de los objetivos fundamentales de destrucción política y personal en un contexto determinado. Eso me ha dado muchas claves, me ha dado mucha información, me ha dado una experiencia que casi nadie tiene. Eso condiciona una voluntad de hacer las cosas que hago. Nosotros somos, al fin y al cabo, nuestra biografía, y somos sobre todo nuestros enemigos. Lo que define a una figura política o a una figura política que después se dedica a hacer un pódcast crítico es quién ha estado contra ti. Eso es lo que en última instancia nos define. No tanto lo que digamos cada uno de nosotros mismos, que todos podemos ser nuestro mejor abogado defensor, sino al final tú a quién te has puesto en contra. Porque ese que te has puesto en contra es lo que en última instancia te va a definir. Eso señala qué callos has pisado y a quién, y para quién has resultado una amenaza. Y en ese sentido estoy también bastante orgulloso de la cantidad de gentuza que ha ido a por mí. Eso creo que habla muy bien de Podemos.

En este momento también se está poniendo en contra a muchísimos periodistas.

Bueno, pero alguien tenía que decirlo. Yo tengo la suerte y el privilegio de poder hacerlo. Hay un montón de gente que no se lo puede permitir. Nosotros en *La Base* podemos denunciar determinadas mentiras. Y en la sección de Manu Levin podemos analizar cosas que no se habían analizado antes. Que los que mienten diariamente te odien, bueno, eso está bien. Hay a quien esto le resulta muy incómodo y dice: «No, claro, porque Kafka... Si estás contra el mundo es muy probable que el mundo acabe contigo». ¡No tengáis tanta caradura! No tratéis de justificar que miráis para otro lado en ciertas cosas. Se trata de señalar cosas que son objetivamente escandalosas y de dejar de ser cómplice de determinada mierda. Creo que hay mucha gente que trata de justificarse con sofisticaciones tácticas y buscando coartadas para su

propia comodidad. Entonces vamos a resultar incómodos a muchos. Pues claro que sí, pero las cosas
solo se cambian así. Nadie dijo que se puedan cambiar las cosas siendo cómodos.

**Y esa mierda, ¿cómo se limpia? ¿Ayudaría una nue-
va ley de reparto de la publicidad institucional de
alguna forma?**

Lo primero es poner el tema en la agenda y luego hay
que hablar de una ley de medios. ¿Por qué no los 3/3?
Eso es perfectamente compatible con la economía de
mercado. Un tercio de medios privados, medios privados de ricos, de millonarios, con algunas cláusulas para
evitar los oligopolios. Y que haya competencia, ¿no son
tan liberales? Aseguramos que haya competencia y poniendo límites a determinados sectores económicos.
No puede ser que los bancos o determinadas empresas
estratégicas lo manejen todo. Y que luego haya también
un tercio de medios públicos y un tercio de medios independientes y comunitarios. ¿Por qué no se puede facilitar que el sector público de sindicatos, asociaciones
de vecinos, el movimiento estudiantil… tengan acceso
al derecho de la información, que no es un derecho de
los millonarios, que es un derecho de la gente? Claro
que sobre eso habría que legislar y tratar de reequilibrar la correlación mediática de fuerzas. Prácticamente
todos los que hacemos cosas al final necesitamos publicidad, necesitamos relaciones con empresas. Eso no
es bueno. Otra cosa es que sea inevitable para poder
hacer lo que haces, pero yo creo que hay que poner el

tema sobre la mesa. Y lo estamos consiguiendo a pesar de encontrarnos con muchos enemigos, y además es un tema de amplia relevancia internacional. Porque están viviendo lo mismo en muchos sitios. Los golpes de Estado del siglo XXI son básicamente mediáticos.

Claro que habría que legislar, igual que se legisló sobre otro montón de cosas y anunciaron el apocalipsis. Se decía que subir el salario mínimo iba a destrozar la economía. Pues ya hemos visto que no. Que haya más pluralidad mediática y que el derecho a la información no sea un derecho solamente de millonarios, sino un derecho de la ciudadanía. Dirán: «Esto es el comunismo, esto es amordazar a los periodistas». ¡Amordazar a los periodistas después de lo que hemos visto en estos años, vaya caradura! Yo creo que ese tipo de argumento lo repetirán, pero cada vez son menos creíbles.

Si echa la vista atrás, ¿han merecido la pena estos ocho años?

No, en lo personal no. Lo que pasa es que no puedo volver atrás. Me alegro de haber aprendido determinadas cosas, pero no lo volvería a hacer. Tiene demasiados costes humanos. Tengo tres hijos. No volvería a exponerme de la manera en la que me expuse. Porque a ella y a ellos les quiero proteger. Pero es verdad que ahí están esos años. Conseguimos cosas muy importantes que no se habían conseguido en este país, tener la primera fuerza política de izquierdas dentro de un gobierno... Creo que hemos dejado cosas también que permiten imaginar un futuro con posibilidades, que va a ser difícil, pero con posibilidades. Pero yo estoy mucho más a gusto donde estoy ahora. Creo que tener esa experiencia me ayuda y me va a ayudar a hacer cosas que no podría hacer si no hubiera tenido esa experiencia y ese conocimiento de las cosas. Pero en la parte humana ha sido bestial, y de hecho es una confirmación de que hay un mecanismo mafioso que funciona. No es solamente tener la responsabilidad que tuve, es decir las cosas que dije. En este país ha quedado claro que a quien dice las cosas que nosotros dijimos le van a reventar. Es un mensaje también para los futuros líderes de la izquierda. «Ten cuidado con lo que dices. Ten cuidado con a quién señalas, ten cuidado con los enemigos que te buscas. Porque si vamos a por ti, ya has visto de lo que somos capaces». En otros países te pegan dos tiros.

Epílogo

Aprendices de 'lawfare'

Inna Afinogenova

Releyendo los artículos de Pablo publicados por *CTXT* durante los últimos meses, me encuentro con que, paradójicamente, empezó el año hablando con la politóloga Arantxa Tirado sobre su último libro, dedicado al *lawfare* en América Latina. En un momento de la entrevista, Pablo le pregunta sobre la posibilidad de que estas prácticas se estén llevando a cabo en España... o más bien sobre el hecho de que se estén llevando a cabo y que no le haya dedicado suficiente espacio en su libro.

Poco podían imaginarse Pablo o Arantxa lo que nos iba a tocar vivir y sobre todo lo que nos iba a tocar oír unos pocos meses después. Íbamos a ser testigos directos del funcionamiento del *lawfare* mediático, empresarial y policial en su versión más castiza y chusca, entre copazos y golpes en la mesa, entre risotadas y chascarrillos sobre quién la tiene más larga (que si yo me he cargado a tal, que si a mí, si se me pone en la punta del rabo, le monto un caso a cual). En su versión más española, en fin, como se resuelven aquí las cosas entre el machirulo ibérico, según me cuentan.

No lo sabíamos con certeza, pero lo imaginábamos. Porque si algo nos ha enseñado la historia de las últimas décadas es que a la izquierda hay que tumbarla, si no ya por lo militar, porque se pasó de moda, sí por lo civil, que es mucho más higiénico.

Con esa limpieza se metió entre rejas a Lula en un caso judicial cuya lectura resultaba, cuando menos, sonrojante. Nada dijo, por cierto, la prensa patria al respecto. No hubo grandes escándalos y nadie puso en duda, pese a la evidencia de lo endeble del caso, la intachable rectitud del sistema judicial brasileño, más bien al contrario, se difundió sin el menor lugar a dudas que Lula iba a la cárcel «por corrupción» (no entraré, por cansino y obvio, en lo diferente de este trato con el que se da en el caso de otros «líderes políticos» que entran en prisión por diferentes motivos en otras latitudes). Y si bien Lula es el caso más sangrante y vergonzante, por lo lejos que llegó y por todo lo que tuvo que pasar, bien sabemos que la izquierda internacional, y especialmente la latinoamericana, no tiene como único adversario a la oposición política. Al fin y al cabo, y como señala la propia Arantxa Tirado, en Europa ya tenemos a la UE como canal de contención de cualquiera que se quiera salir de los raíles escorándose, aunque sea ligeramente, a la izquierda (esa firmeza contra las posibles políticas izquierdistas de Syriza, y esa condescendencia paternalista contra las políticas ultraderechistas de varios líderes del Este, con esas advertencias de dejarles sin fondos de cohesión que jamás llegan a cumplirse).

En Latinoamérica es más complicado ponerle el collar al perro por la vía supranacional, todavía más higiénica que el propio *lawfare*. Así que allí los medios derechistas (casi todos, por otra parte), propiedad de los grandes poderes económicos, se desempeñan con una virulencia y un descaro verdaderamente dignos de estudio. O de todavía más estudio. Y ni por esas han conseguido tumbar las propuestas políticas de gente como Boric, AMLO o, más recientemente, Petro, o al menos no antes de su llegada al poder, porque una vez que lo alcanzan, la cosa no afloja, por supuesto.

Hay que reconocer que, ante los medios latinoamericanos, los Ferreras, Quintana o Griso parecen meros aprendices (a Inda ni lo incluyo en la lista, porque está en otra categoría, creo). ¡Y lo que daría yo por unos buenos audios de Vicky Dávila, algún Krauze, Jorge Lanata, Carlos Vera, Fernando Del Rincón, hablando con sus respectivas «fuentes fiables institucionales» del tipo Villarejo! Teniendo en cuenta que una «diplomática» como Victoria Nuland se expresa como se expresa en sus conversaciones privadas (pero, recordemos, laborales), ¿qué no nos podríamos esperar de todos estos profesionales hablando, por poner un ejemplo, con el secretario general de la OEA? Puro oro, nada más.

Porque para noticias groseramente «burdas» (parafraseando al referente del «más periodismo»), en Latinoamérica tenemos varios campeones mundiales o aspirantes: desde inventarle un hijo a Evo Morales, hasta las bóvedas llenas de dólares de los Kirchner, pasando por diagnósticos de patologías psiquiátricas por televisión a la propia Cristina, presentar a Gabriel Boric como adicto a las drogas (incluso tuvo que hacerse un test para demostrar que no lo era) o inventarse la compra de un equipo de fútbol por parte del hijo de AMLO. A cada cual más disparatada, pero cuidado: todas tuvieron que ser «desmentidas» con insistencia casi desesperada ante el espacio y el tiempo que llegaron a ocupar estas «noticias» en los medios locales y también en los internacionales.

Y hablando de todo esto, siempre me viene a la cabeza aquella memorable entrevista de Rafael Correa con Ana Pastor. Aquella entrevista de la que, muy convenientemente, se encargaron de resaltar el machismo del expresidente por llamar a la periodista insistentemente «Anita», cuando ella le había reiterado también que no la llamase así. De no haber sido por ese error (que sí, que lamentablemente existió), quizás tendrían que habernos hablado más del contenido de la propia entrevista, en la que Correa pone en evidencia a la mayor parte de los medios de comunicación de titularidad privada del mundo: que sus intereses económicos y políticos chocan frontalmente con su función social y con el derecho del ciudadano a recibir una información libre e independiente.

Ahora, muchos años después y con todo lo que sabemos, se vuelven a viralizar aquellas palabras que tan verdad eran, son y parece que seguirán siendo en el mundo. Una verdad que, por cierto, también limita la capacidad del ciudadano de decidir qué políticas quiere que se pongan en práctica en su país, porque está claro que el gran capital nunca va a presentar ningún proyecto, no ya rupturista, sino meramente alternativo por la izquierda, como algo que no conduzca directamente al hambre, la miseria y «los 100 millones de muertos» de manera casi automática en cualquier país del mundo y situación.